Thieme · Konzentration

Die Reihe **BELTZ** Lern-Trainer wird herausgegeben von Wolfgang Endres.

BELTZ Lern-Trainer

Alfred Thieme

Konzentration

Trainingsprogramm

6.–9. Klasse

2. Auflage

Beltz Verlag · Weinheim und Basel

Über den Autor:

Alfred Thieme, Jg. 1951, ist Lehrer für Grund- und Hauptschule, Schuljugendberater und Wissenschaftlicher Mitarbeiter an einem Lehrstuhl für Didaktik der Mathematik.

Für Verena und Silvia

2., neu ausgestattete und überarbeitete Auflage 1998

Lektorat: Ingeborg Strobel

Gesetzt nach den neuen Rechtschreibregeln

Herstellung und Innenlayout: Klaus Kaltenberg
Satz: Satz- und Reprotechnik GmbH, Hemsbach
Umschlaggestaltung: Zembsch' Werkstatt, München
Umschlagabbildung: Michael Ryba, Lenzkirch
Zeichnungen: Hilde Adamczyk
Grafische Elemente nach Entwürfen von Markus Olivieri
Printed in Germany

ISBN 3-407-38039-9

Inhaltsverzeichnis

Das A-Feld

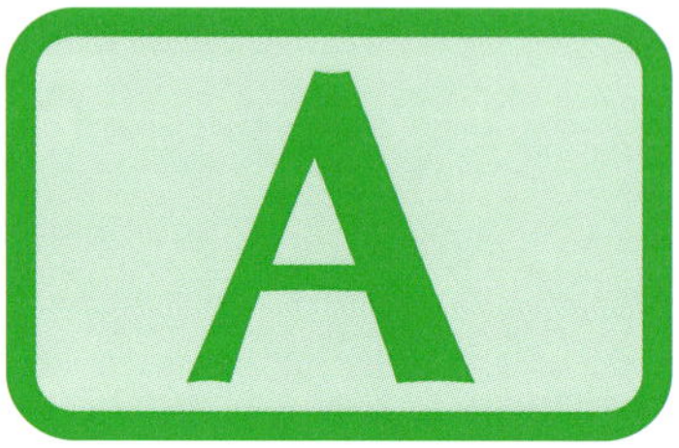

Anhalten

Immer, wenn du an ein solches Feld kommst, ist es Zeit, anzuhalten und über das Gelesene oder Geübte kurz nachzudenken.

Auswählen

Im Buch findest du eine große Auswahl an Merksätzen, flotten oder dummen Sprüchen. Such dir einen aus, der dir jetzt im Moment am besten passt.

Aufhören

Dann hast du auch genug geschafft. Du weißt ja, wer allzu große Schritte macht, läuft auch Gefahr, dass ihm schnell die Puste ausgeht.

Aufkleben

Zu guter Letzt klebst du den ausgesuchten Aufkleber in dieses Feld – als Belohnung sozusagen. Mit der Zeit entsteht auf diese Weise dein ganz persönlicher Lern-Trainer.

Einleitung *Alles einsteigen*

Gestatten, mein Name ist Konz! Nein – nicht Kunz wie bei Hinz und Kunz, sondern Konz. Wie bei **Konz**entration. Das hast du dir schon gedacht? Na gut, dann wollen wir mal anfangen, eine kleine Reise zu unternehmen. Ich habe den Auftrag, als ständiger Begleiter mitzufahren und dich mit Tipps zu versorgen. Wie ich dazu komme? Ganz einfach: Ich bin der ideale Begleiter. Denn ich habe die Figur einer Stecknadel, und immer, wenn du nicht so recht bei der Sache bist, werde ich dich ein klein wenig piksen!

»Was hast du denn da wieder gemacht! Konzentrier dich doch besser!«

»Kannst du dich denn nicht konzentrieren?«

»Bei etwas mehr Konzentration hättest du besser abschneiden können!«

»Viele Flüchtigkeitsfehler, deshalb nur Note ...«

Kommen dir diese Sätze auch so bekannt vor? Du kannst ganz beruhigt sein, mir auch. Ich war nämlich früher ein ganz unkonzentriertes Bürschchen, das so manchen Rüffel von seinen Eltern oder Lehrern einstecken musste. Bis es mir dann eines Tages zu bunt geworden ist und ich beschlossen habe, *etwas dagegen zu tun!*

Alles einsteigen

Immer wieder taucht in diesen Sätzen dieses komische Wort *Konzentration* auf. Weißt du eigentlich schon, was das überhaupt heißt? Ich biete dir mal ein paar Möglichkeiten an, und du machst dann dort ein Kreuzchen hin, wo du meinst, dass es stimmt.

- ☐ Zusammenfassung
- ☐ Ansammlung
- ☐ Anspannung
- ☐ Geistige Sammlung
- ☐ Höchste Aufmerksamkeit
- ☐ Gezielte Lenkung auf etwas hin

Na, was hast du alles angekreuzt? Also, genau genommen ist alles richtig! So ein vielfältiges Wort ist das? Die zweite Bedeutung stammt aber mehr aus dem Bereich der Physik, und das ist hier nicht gemeint.

So, du siehst, du hast den ersten Test schon hinter dir – und das, ohne dass du es richtig gemerkt hast.

Auf jeden Fall möchte ich dir schon mal gratulieren: Du hast ohne größere Unterbrechung eine ganze Seite gelesen *und bearbeitet.* Dafür kannst du dir schon mal ein dickes Plus in deine Liste machen. Was – du weißt nicht, was für eine Liste? Ach so, ja, die muss ich dir ja erst erklären. Also …

Doch eine Kleinigkeit habe ich noch vergessen: Die Tipps mit dem Spickzettel. Und zwar solche, die du sogar mit in die Schule nehmen darfst! Hier ein Beispiel von einem Spicker!

Tipp 1

Ich belohne mich
für eine gute Leistung!

Alles einsteigen

So, nun zu der versprochenen Liste. In unserem Fall ist das ein Plus-Punkt in der folgenden Liste. An der wirst du nämlich sehen, wie weit du schon gekommen bist. Für jedes unserer Kapitel hast du Platz für deine Plus-Punkte:

Einleitung	☐
Station 1	☐☐
Station 2	☐☐☐
Station 3	☐☐☐☐☐☐
Station 4	☐☐
Station 5	☐☐☐☐☐
Station 6	☐☐
Station 7	☐☐☐
Station 8	☐☐☐☐☐☐☐
Station 9	☐☐☐☐
Station 10	☐☐☐☐

Also, ein erster Plus-Punkt gleich bei der Einleitung hinein! Wie komme ich nun dazu, von dir Mitarbeit zu verlangen? Nun, ich habe mir gedacht, wenn du dir dieses Buch schon anschaffst, dann möchtest du auch etwas damit anfangen. Du musst dir allerdings über ein paar Kleinigkeiten im Klaren sein:

- Dies ist kein Buch, das man von vorn bis hinten durchliest, und dann hat man's – ganz im Gegenteil! Einige Kapitel wirst du vielleicht mehrmals lesen (bearbeiten) müssen, damit sich Erfolg einstellt.
- Dieses Buch ist nicht wie ein Rezeptblock, von dem man sich ein Blatt herunterreißt, in die Apotheke geht und dann gesund ist; vielmehr ist Eigenleistung heftig erwünscht!

Und jetzt wünsche ich dir viel Spaß und vor allem viel Erfolg!!!

Wenn du Lust hast, dann erstelle dir doch selbst eine große Punkteliste, und klebe sie an deine Zimmertüre: Du kannst die Felder dann zum Beispiel ankreuzen und siehst öfter am Tag, dass du Fortschritte gemacht hast.

Alles einsteigen

Noch ein Hinweis in **deiner** Sache:

Am Ende jeden Kapitels findest du Aufgaben, die du jederzeit als Konzentrationsübungen durchführen kannst. Die meisten von ihnen werden innerhalb der Kapitel genauer beschrieben, aber du kannst natürlich immer, wenn du Lust hast, dich über so eine Aufgabe hermachen.

A

Sie haben alle eine Zeitvorgabe und eine genaue Aufgabenbeschreibung. Sie dienen einzig und allein dazu, deine Konzentrationsfähigkeit zu steigern! (Auch wenn sie dir manchmal etwas kindisch vorkommen mögen: Als Konzentrationstraining sind die Übungen allemal geeignet.)

Auf der nächsten Seite folgt ein Beispiel.

Alles einsteigen

Auftrag: Unterstreiche in den folgenden Reihen die Buchstabenkombination »bd«.

Zeitvorgabe: 3 Minuten

bdhsekbdmkzhdbklmsbdmklpdgbdlemanbdkiwzsbdjqidbksklbdg
dbkhujbdjkawdbmjagfsbbjbdoerdbdjafwresdbhabdbdjagerbdhd
hdbdpabdaadbopbdaoddbbdebddbabbdpqdbqbdeoqpdbabdbdqpdbb
dbdddbbddbbddbbdbbbddbddbdbdbdbbdddbbbdbdbbbbddbbbdbbdb

Zusatz für fleißige Über:

Schreibe selbst zwei solche Reihen auf, und suche die Buchstabenkombinationen, ohne sie zu unterstreichen!

Wenn du willst, kannst du dieselbe Übung hier am nächsten Tag noch einmal durchführen!

bdhsekbdmkzhdbklmsbdmklpdgbdlemanbdkiwzsbdjqidbksklbdg
dbkhujbdjkawdbmjagfsbbjbdoerdbdjafwresdbhabdbdjagerbdhd
hdbdpabdaadbopbdaoddbbdebddbabbdpqdbqbdeoqpdbabdbdqpdbb
dbdddbbddbbddbbdbbbddbddbdbdbdbbdddbbbdbdbbbbddbbbdbbdb

Station 1 Selbstüberprüfung

Bevor wir zwei nun unsere Reise fortsetzen, hätte ich noch eine Bitte an dich:

Überlege dir doch mal Situationen, in denen dir schon öfter aufgefallen ist, dass du unkonzentriert warst. Als Denkanstoß findest du gleich anschließend eine Aufzählung solcher Situationen. Du sollst dir aber wirklich selbst erst einmal Gedanken machen, bevor du dir von mir etwas »einreden« lässt.

Also nachgedacht – sagen wir mal drei Minuten. Vielleicht schreibst du dir ein paar Stichpunkte dazu auf?

Na gut – ein Beispiel, damit du weißt, was ich meine: Immer, wenn ich Vokabeln lernen will (soll), muss ich an etwas ganz anderes denken.

Decke vorsichtshalber das Buch zu.

DENKPAUSE

Hast du wirklich scharf nachgedacht? Hast du wirklich an nichts anderes gedacht? Bist du an den Situationen wirklich nicht »hängen geblieben«? GUT! Du hast dir schon wieder ein Plus verdient! Wir sind jetzt schon in Station 1, also hinein mit dem Pluspunkt!

Sicher wirst du unter den folgenden Situationen auch einige von deinen selbst notierten finden. In der folgenden Tabelle sollst du sie sogar noch klassifizieren. Du weißt doch, was das ist, oder? Hinter jeder Situation findest du fünf leere Kästchen. Ganz oben stehen die Beschreibungen, die für die einzelnen Kästchen zutreffen können. Kreuze immer das an, was dir am ehesten als richtig erscheint.

Selbstüberprüfung Station 1

Beispiel:

	nie	selten	manchmal	oft	immer
Wenn ich Vokabeln lerne, denke ich an etwas anderes				X	

Ich müsste jetzt mein Kreuzchen zum Beispiel bei »oft« machen, denn es ist schon *oft* der Fall, dass mir ausgerechnet immer gerade dann besonders viele andere Dinge in den Kopf kommen, die mit den Vokabeln wirklich überhaupt nichts zu tun haben.

Du siehst, ich bin recht ehrlich, also sei du es bitte auch, denn du brauchst deine Ergebnisse ja niemandem zu zeigen. Sie sollen dir nachher helfen herauszufinden, wo es vielleicht am meisten krankt und natürlich auch, was du am besten dagegen machen kannst.

Beschäftige dich also jetzt erst in aller Ruhe mit den vielen Möglichkeiten, die du vorfindest, und wenn du das geschafft hast, dann solltest du eigentlich für heute erst einmal aufhören. Es ist sowieso schon recht viel, was du geleistet hast.

Frisch an's Werk – und schön ehrlich zu dir selbst sein! Verwende dazu am besten einen weichen Bleistift (HB), der lässt sich nämlich gut wieder ausradieren. Ganz zum Schluss, oder vielleicht auch erst in ein paar Wochen, kannst du dann nämlich diese Selbstüberprüfung wiederholen. Eine andere Möglichkeit wäre auch, diesen Fragebogen zu kopieren; dann kannst du später toll mit dem heutigen Ergebnis vergleichen.

Noch ein Hinweis: Wenn du an der Seite dieses Zeichen ● vorfindest, dann zeigt es dir an, dass jetzt eine praktische Übung kommt, bei der du arbeiten musst.

Station 1 Selbstüberprüfung

	nie	selten	manchmal	oft	immer
1. Wenn ich bei meinen Hausaufgaben sitze, schaue ich zum Fenster hinaus.					
2. Während ich Hausaufgaben mache, läuft mein Radio, Cassettengerät, CD-Spieler.					
3. Meine Hausaufgaben mache ich an einem festen Arbeitsplatz.					
4. Wenn ich mir für den Nachmittag oder den Abend etwas vorgenommen habe, kann ich mich nur schwer auf die Hausaufgaben konzentrieren.					
5. Während meiner Arbeit fallen mir Dinge auf, wie schmutzige Fingernägel, ein Loch im Strumpf oder anderes, und ich stelle sie erst einmal ab.					
6. Wenn ich Hausaufgaben mache, räume ich mir erst ein bisschen Platz auf meinem Schreibtisch frei.					
7. Die Aufgaben in meinem Lieblingsfach erledige ich schnell und lasse mich nicht stören.					
8. Bei »leichten« Aufgaben mache ich besonders viele Flüchtigkeitsfehler.					
9. Je länger ich an meinen Aufgaben sitze, desto unkonzentrierter werde ich.					
10. Wenn ein Mitschüler eine Schulaufgabe zeitig abgibt, macht mich das nervös.					
11. Bei einer Schulaufgabe habe ich nicht alle notwendigen Arbeitsmittel (Zirkel, Lineal, Füllerpatrone) dabei.					
12. Bei Streichen, die wir den Lehrern während des Unterrichts spielen, bin ich voll dabei.					
13. In meinem Lieblingsfach bin ich voll bei der Sache.					

Selbstüberprüfung Station 1

	nie	selten	manchmal	oft	immer
14. Ich versuche immer wieder, mich zu konzentrieren, aber ich lasse es dann, es bringt ja doch nichts.					
15. Im Unterricht kann ich mich nicht so gut konzentrieren, weil ich das meiste sowieso schon weiß.					
16. Wenn das Aufgabenblatt für eine Schulaufgabe ausgeteilt wird, ist alles, was ich gelernt habe, wie weggeblasen.					
17. Bei meinen Hausaufgaben stört mich mein Bruder/meine Schwester.					
18. Bei meinen Hausaufgaben ist mein Haustier im Zimmer.					
19. Wenn es während der Hausaufgaben klingelt, bin ich der Erste an der Tür.					
20. Wenn während der Hausaufgaben das Telefon läutet, springe ich gleich auf, zumindest aber muss ich wissen, wer anruft.					
21. Wenn während der Hausaufgaben meine Eltern/Geschwister reden, bekomme ich mit, was sie besprechen.					
22. Wenn in der Schule etwas Aufregendes passiert ist, muss ich während der Hausaufgaben daran denken.					
23. Wenn ein Flugzeug über unsere Wohnung/unser Haus fliegt, schaue ich hinaus, um festzustellen, was es für eine Maschine ist.					
24. Wenn jemand an meinem Zimmer vorbeigeht, schaue ich nach, wer das ist.					
25. Wenn meine Mitschüler im Unterricht schwätzen, versuche ich mitzubekommen, worüber sie reden.					

Station 1 Selbstüberprüfung

	nie	selten	manchmal	oft	immer
26. Bei Schulaufgaben sehe ich, wenn meine Klassenkameraden abschreiben.					
27. Eine Durchsage während einer Schulaufgabe bringt mich voll aus dem Konzept.					
28. Verkehrslärm oder Lärm auf dem Gang stört mich beim Arbeiten.					
29. Wenn der Lehrer während der Schulaufgabe durch das Zimmer geht, stört mich das.					
30. Wenn mir der Lehrer während einer Arbeit über die Schulter schaut und liest, was ich schreibe, versuche ich in seinem Gesicht zu lesen, ob ich alles richtig gemacht habe.					
Hier hast du Platz für deine eigenen Gedanken! Hoffentlich habe ich dir nicht schon alles vorweggenommen!					
31.					
32.					
33.					
34.					
35.					
36.					
37.					

Selbstüberprüfung Station 1

Nun schau dir noch einmal an, was du angekreuzt hast; vielleicht machst du dir noch ein paar Gedanken darüber?

In diesem Sinne also: Ein weiteres Plus für geleistete Arbeit bei der ersten Station.

Zum Schluss noch etwas Selbstverständliches:

Tipp 2

Allzu viel ist ungesund!

Setzen wir doch gleich noch einen Tipp drauf!

Tipp 3

Ich versuche, mich richtig einzuschätzen! So habe ich eine Chance, mein Ziel auch wirklich zu erreichen.

A

Sehen wir uns morgen wieder?????

Station 1 Selbstüberprüfung

Zur Übung

Auftrag: In dem nachfolgenden Text ist jeder Buchstabe spiegelverkehrt geschrieben. Versuche, ihn so schnell wie möglich laut vorzulesen!

Zeitvorgabe: 2 Minuten

ALS DEM CHEFREDAKTEUR GEMELDET
WURDE, DER SETZER JOHANNES WARTE SEIT
EINER VIERTELSTUNDE IM VORZIMMER
UND LASSE SICH DURCH NICHTS ABWEISEN
ODER AUF EIN ANDERES MAL VERTRÖSTEN,
NICKTE ER MIT EINEM ETWAS MELANCHOLI-
SCHEN UND ERGEBENEN LÄCHELN UND DREH-
TE SICH AUF SEINEM BUREAUSTUHL DEM LEI-
SE EINTRETENDEN ENTGEGEN. ER WUSSTE IM
VORAUS, WELCHERLEI ANLIEGEN DEN TREUEN
WEIßBÄRTIGEN SCHRIFTSETZER ZU IHM FÜHRTE.

Zusatzaufgabe:
Suche dir eine Schachtel mit Streichhölzern und lege folgende Rechnung aus römischen Zahlen:

Versuche, durch Umlegen von zwei Hölzchen zu erreichen, dass aus der falschen Rechnung (sprich der Ungleichung) eine Gleichung wird.

Zeitvorgabe: 3 Minuten

Viel Spaß beim Knobeln!

Lösung auf S. 93

Station 2 Entspannung

Hallo, hier bin ich wieder! Gestern hast du ja schon recht fleißig gearbeitet, und es freut mich, dass du auch heute wieder mitmachst. Das zeigt mir nämlich, dass du nicht nur Interesse an der Steigerung deiner Konzentrationsfähigkeit hast, sondern vielleicht auch ein bisschen Gefallen daran gefunden hast.

Machen wir uns als an die Arbeit oder, besser gesagt, auf die Reise und werten gemeinsam den Fragebogen aus.

Zum Anfang eine kleine Übung (du musst bitte die Anweisung erst ganz lesen und dir merken, was du tun sollst!):

Setze dich auf einen Stuhl,
lehne dich zurück,
lege die Hände auf deine Oberschenkel,
schließe die Augen,
zähle langsam bis zehn,
jetzt versuche, dich an fünf der gestern aufgeführten Situationen zu erinnern und an das, was du dabei angekreuzt hast.
Dann zähle wieder langsam bis zehn,
öffne deine Augen wieder.
Jetzt bist du voll da!

Station 2 Entspannung

Sicher ist dir aufgefallen, dass sich die Situationen in verschiedene Blöcke einteilen lassen:

- Konzentrationsschwierigkeiten zu Hause;
- Konzentrationsschwierigkeiten im Unterricht;
- Konzentrationsschwierigkeiten bei Schulaufgaben.

Es wäre aber auch möglich, sie in zwei andere Blöcke aufzuteilen:

- Konzentrationsschwierigkeiten, die ich selbst verursache;
- Konzentrationsschwierigkeiten, die andere verursachen.

Natürlich hast du Recht, wenn du jetzt sagst: »Was können denn die anderen dafür, wenn *ich* mich nicht konzentrieren kann?« Außerdem wirst du ganz richtig zu bedenken geben, dass das alles nur an dir selbst liegt und auch alles irgendwie zusammenhängt. Dann müssen wir die Sache halt etwas anders benennen:

- Konzentrationsschwierigkeiten, die durch mich allein hervorgerufen werden;
- Konzentrationsschwierigkeiten, die ich habe, weil mich etwas von außen vom Arbeiten ablenkt.

Bist du jetzt zufrieden? GUT!

Damit du herausfindest, welcher dieser beiden Blöcke für dich das größere Problem darstellt, solltest du jetzt die Liste noch einmal durchsehen und feststellen, ob du im ersten (1–15) oder im zweiten Teil (16–30) häufiger ein Kreuzchen bei »oft« oder »immer« gemacht hast. Wenn es gleich viele sind, dann ist das auch nicht schlimm, denn dann sind halt beide Teile gleich interessant für dich. Gehörst du aber zu denjenigen seltenen Exemplaren der Gattung Mensch, die überhaupt kein »oft« oder »immer« angekreuzt haben, dann hast du entweder gemogelt (was ich von dir natürlich nicht glaube), oder aber du darfst die Füße hochlegen, ein Schläfchen machen, eine CD hören… Denn dann dürfte es für dich nicht *nötig* sein, mit diesem Buch weiterzuarbeiten. Selbstverständlich darfst du natürlich gerne dabeibleiben und mich begleiten, denn es wird bestimmt interessant!

Nach so viel Text wird es aber Zeit für den nächsten Tipp:

Entspannung Station 2

Tipp 4

Ich überwache mich selbst!
So finde ich heraus,
was mich wann und wo ablenkt.

Nachdem wir nun schon ganz schön fleißig waren, wird es auch Zeit für ein Pünktchen! Also bei Station 2 eintragen!

So, wo hapert's denn am meisten? Bist du ein Kandidat des ersten Blockes, dann dürften deine Schwierigkeiten in der Hauptsache daher kommen, dass du dich selbst gerne von der Arbeit abhältst. Was heißt das? Das bedeutet, dass du relativ häufig selbst nach Ausweichmöglichkeiten suchst, wenn es um die Arbeit geht. Das nennt man auch »Anstrengungsvermeidung«. Das ist natürlich in einem gesunden Umfang gar nicht verkehrt, denn so manches erledigt sich ja auch von selbst. *ABER:* Vieles, was wir tun müssen, das geht halt nur, wenn wir uns selbst so richtig dahinter klemmen. Hast du dir schon einmal überlegt, wie viel Zeit du dir sparen kannst, wenn du versuchst, so gezielt wie möglich zu arbeiten? Hast du nicht selbst bei deinem Lieblingsfach angekreuzt, dass es dir da recht flott von der Hand geht? Du kommst dann nämlich auf kürzerem Weg zu den Dingen, die du danach machen möchtest.

Hui – jetzt bin ich ganz schön in Fahrt gekommen. Vielleicht hast du gemerkt, dass ich dir schon fast einen Vortrag gehalten habe. Ich muss aber gestehen, dass es mich schon ein klein wenig ärgert, wenn ich gesagt bekomme: »Ich habe so wenig Zeit, ich komme zu gar nichts anderem, weil ich immer so lange Hausaufgaben mache.« Meistens ist es nämlich so, dass gerade diese Typen nicht so lange sitzen, weil sie so hart arbeiten, sondern weil sie alles Mögliche andere tun. Ich gehe natürlich fest davon aus, dass *DU* nicht zu diesen armen Menschen gehörst, sondern dass du einfach den Weg zu der kürzeren, weil konzentrierteren und deshalb auch erfolgreicheren Arbeitsweise suchst. Deshalb solltest du dich ganz besonders zuerst auf folgende Stationen stürzen: 1, 2, 3, 4, 7 und 9.

Station 2 Entspannung

Du findest in diesem Buch natürlich auch noch andere Stationen, und die beschäftigen sich in der Hauptsache mit der Problematik des »Abgelenkt*werdens.*« Das ist – so glaube ich wenigstens – zwar mindestens genauso wichtig, aber vielleicht doch ein klein wenig leichter zu ändern. Solltest du also mehr Kreuze bei »oft« und »immer« im zweiten Block gemacht haben, dann werden wir versuchen, das Problem in den Stationen 1, 2, 3, 5, 6, 8, 9 und 10 zu bekämpfen. Hierbei handelt es sich um Störfaktoren, die du nur bedingt zu verantworten hast (manchmal auch gar nicht). Die genannten Stationen zeigen dir, was du tun kannst, um dich trotzdem konzentrieren zu können.

Bitte mache aber nicht den Fehler, nun zu glauben, dass du dir die jeweils anderen Stationen sparen solltest. Es ist nämlich leider so, wie du schon vorher vermutet hast: Alle diese Probleme hängen miteinander zusammen – *sie lassen sich aber ganz bestimmt in den Griff bekommen!*

Erinnerst du dich noch an Tipp 2 (Allzu viel ist ungesund!)? Damit wir die nächste Station unserer Reise erreichen können, brauchen wir einen Führer. Den möchte ich dir hiermit vorstellen: *Meinen Vater!* Sein Name ist »ENT«. Nicht wie in »Ende gut, alles gut«, sondern wie in ENTfernung oder wie in ENThusiasmus oder wie in ENTspannung. Hier siehst du ihn:

Er hat mir erklärt, dass die größte Anstrengung sehr schnell nachlässt, wenn man nicht zwischendurch eine ganz gezielte Pause oder ENTspannungsphase einlegt.

Viele Menschen glauben nicht, dass eine bewusste Entspannungsphase die Konzentrationsfähigkeit und damit natürlich auch die Leistungsfähigkeit ganz erheblich steigern kann. Recht gescheite Leute haben das aber mal festgestellt, indem sie Testpersonen eine große Anzahl von Rechenaufgaben gegeben haben und diese dann munter drauflosgerechnet haben.

Entspannung Station 2

Eine andere Gruppe hat dieselben Aufgaben bekommen, musste aber immer wieder mal eine Pause einlegen. Was meinst du, wer dabei besser abgeschnitten hat? Richtig, es war die Gruppe, die die Pausen gemacht hat. Die Versuchspersonen haben nicht nur mehr Aufgaben bearbeitet (trotz der Pausen!), sondern dabei auch noch mehr richtig gehabt!
So, und jetzt eine kurze Erklärung eines Zeichens: Kannst du dir vielleicht schon selbst vorstellen, was dieses Zeichen ▲ bedeuten könnte? Bingo! Es handelt sich um eine praktische Übung zusammen mit meinem Daddy »ENT«.

Du hast ja vorhin schon einmal so etwas Ähnliches gemacht, um dich so richtig auf dieses Kapitel einzustimmen. Wir beginnen heute mit einer ersten Übung zur Kurzentspannung, die du durchaus auch mal während der Schulzeit, vor allem aber erst mal während der Hausaufgaben durchführen solltest.

Also mach doch mal gleich mit!

▲

- Verschränke die Hände hinter dem Kopf, und drücke die Ellbogen weit nach hinten.
- Strecke die Beine nach vorne aus, und drücke unter Anspannung aller Muskeln die Fußspitzen nach unten.
- Halte die Luft an, straffe die Bauchmuskeln, und presse sie ganz fest; in diesem Zustand bleibst du jetzt und zählst für dich bis sechs.
- Atme langsam wieder aus, und lasse die Glieder dabei entspannt fallen; lockere deinen ganzen Körper.
- Verweile in diesem Zustand der Entspannung einige Minuten. (Das mit den Minuten kannst du während der Unterrichtszeit natürlich nicht unbedingt bringen, da sind es dann halt nur ein paar Sekunden.)

Hier zeige ich dir,
wie das bei mir aussieht:

Station 2 *Entspannung*

Na, wie fühlst du dich jetzt? Frisch für neue Taten? Ach, du glaubst noch nicht recht daran, dass das etwas hilft? Das kann ich gut verstehen! Mir ist es auch nicht anders ergangen, aber schon am Anfang des Buches habe ich dir ja gesagt, dass das nicht alles wie von einem Block herabgerissen werden kann, sondern eigene Mitarbeit erfordert. Es liegt jetzt an dir, diese Art der Entspannung erfolgreich anzuwenden. Das geht natürlich erst, wenn man das ein paar Mal gemacht hat (und sich dabei vielleicht auch nicht mehr so komisch vorkommt wie beim ersten Mal). Also, einverstanden? Dann belohnen wir uns doch einmal mit einem Plus-Pünktchen bei Station 2 dafür, dass wir uns überwunden haben, die Übung überhaupt mitzumachen. Schließlich haben wir ja etwas geleistet!

Natürlich gehört jetzt hierher auch unser nächster Tipp!

Tipp 5

Gezielte Entspannung steigert die Konzentrationsfähigkeit!

Ich habe so das Gefühl, dass du ganz heiß darauf bist, endlich mit den richtigen Konzentrationsübungen anzufangen. Dazu muss ich dir sagen: »Du bist schon mittendrin!« Das möchte man gar nicht so recht glauben, aber es stimmt wirklich! Es kommt halt nun darauf an, dass du die Dinge, die du hier erfährst, auch langsam in deinen Tageslauf einbaust. Ha, ich hör dich schon sagen: »In der Klassenarbeit habe ich keine Zeit für solche Mätzchen, da verliere ich doch viel zu viel Zeit!« oder »Was meinst du, was mein Lehrer dazu sagt, wenn ich mitten während des Unterrichts plötzlich anfange, mich zu entspannen!«

Die erste Aussage muss ich kategorisch ablehnen! Kurze Entspannungsphasen verbessern deine Leistungen in der Schulaufgabe! (Wenn du natürlich nichts gelernt hast, dann nützt die beste Entspannung nichts!)

Entspannung Station 2

Bei der zweiten Aussage gebe ich dir schon ein klein wenig Recht – aber eben nur ein klein wenig: Es gibt Übungen, die dem Lehrer überhaupt nicht auffallen – und übrigens auch deinen Mitschülern nicht! Am Ende eines jeden Kapitels findest du ab sofort eine Übung zur Entspannung. Das bedeutet dann auch gleich, dass du nach getaner Arbeit die Möglichkeit hast, gut »abzuschalten«.

Dieses Versprechen möchte ich gleich einlösen. Hier also zum guten Schluss unserer heutigen Etappe eine kleine »Regenerations«-Übung, die du auch während der Schulzeit durchführen kannst:

Du sitzt auf deinem Stuhl und nimmst deine beiden Hände vor das Gesicht. Schließe die Augen, atme tief und langsam ein, und lasse dann die Luft (fast) lautlos wieder durch die Nase aus (etwa bis 12 zählen dabei). Du schottest dich dabei kurz von deiner Umgebung ab, und versuchst, ganz intensiv nur an das zu denken, was du jetzt vorhast; sei es nun die nächste Aufgabe in der Schulaufgabe, die Beantwortung der Frage, die der Lehrer gerade gestellt hat, oder auch die nächste Beschäftigung nach den Hausaufgaben. Da wiederum kannst du dann recht ordentlich den letzten Gedankengang abschließen. Je nach Gedankengang kannst du dafür die Zeit brauchen, die du benötigst, um mit deinen Gedanken ins Reine zu kommen.

Also mitgemacht:

Schließe die Augen … und denke ganz einfach ganz intensiv an das, was du – wenn du mit dieser Übung fertig bist – machen willst.

Viel Spaß noch heute – und vergiss nicht ganz, dass wir noch nicht am Ende unserer Reise angekommen sind!

Station 2 Entspannung

Die Übungsseite!

Auftrag: Du siehst hier einen Kreis mit allen Zahlen von 1 bis 40. Suche zuerst die Zahl 1, und streiche sie mit deinem Bleistift durch. Nun suchst du Zahl für Zahl der Reihe nach weiter. Es fehlt bestimmt keine – auch wenn du das manchmal glaubst. Besonders gut wäre es, wenn du die Zahlen 2 bis 40 nicht durchstreichst, sondern nur mit den Augen suchst. Du darfst dabei aber nicht mogeln und musst genau die richtige Reihenfolge einhalten! Beim zweiten Mal arbeitest du dann mit dem Bleistift, um dich selbst zu kontrollieren.

Wie lange braucht du dazu? Stoppe dir die Zeit genau mit. (Spezialisten haben das schon in 45 Sekunden geschafft!)

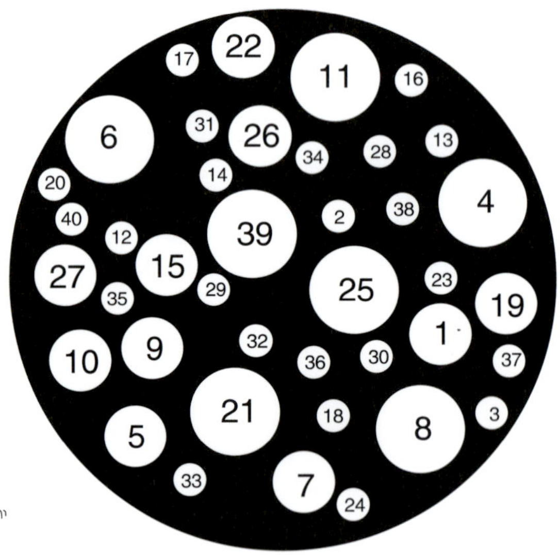

Entspannung Station 2

Und? Wie lange hast du gebraucht?

Gut ist *jede* Zeit; wichtig ist dabei, dass du nicht gemogelt hast und zum Beispiel die 6 vor der 5 gezählt hast – auch wenn du sie schon vorher entdeckt haben solltest. Es liegt übrigens an der der Verschiedenheit der Größe, dass du dabei vielleicht ins Schleudern gekommen bist.

So, und für deine Leistung kannst du einen weiteren Plus-Punkt bei Station 2 eintragen.

Wenn du Lust hast, dann kannst du so eine Übung auch selbst gestalten und dann deine Freundinnen/Freunde oder deine Eltern »belästigen«. Ob die wohl schneller sind als du? (Kaum!)

Station 3 Arbeitsplatz

Heute fackeln wir gar nicht erst lange, sondern steigen gleich voll ein … Was, du bist anderer Ansicht? Ach so, du hast dir von gestern etwas gemerkt. Ich danke dir. Du hast natürlich vollkommen recht. Wir steigen nicht voll ein, sondern bereiten uns erst richtig vor. So wie ein Hochspringer, der erst seine Konzentrationsübung macht, bevor er dann über die Latte hüpft. Der aber hat sich davor noch aufgewärmt, und das machen wir jetzt auch.

Liest du auch gerne auf dem Fußboden liegend? Ich mache das recht gerne, und deshalb bin ich auf die folgende Übung gekommen:

> Ich lege mich auf den Rücken,
> schließe die Augen,
> lege meine rechte Hand auf meinen Bauch.
> Jetzt atme ich langsam tief ein und aus;
> dabei spüre ich, wie sich meine Bauchdecke
> hebt … und senkt, hebt … und senkt.
>
> Ich erinnere mich an das, was ich gestern gelesen habe:
> Wieviele Tipps waren das doch gleich wieder?
> Was stand darin?
> Kann ich sie auch wirklich umsetzen?
>
> *Stört mich da etwas? – Das lasse ich nicht zu!*
>
> Jetzt atme ich noch zweimal kräftig durch.
> Dann öffne ich meine Augen wieder.

Nach etwa ein bis zwei weiteren Minuten, in denen ich mir überlege, was ich als Nächstes in dem Buch, das ich gerade lese, erwarte, bin ich ganz begierig darauf zu erfahren, ob ich Recht habe.

Nachdem du mir bei den letzten beiden Stationen schon so viel Vertrauen entgegengebracht hast, bitte ich dich nunmehr, mir zu glauben,

dass bei ein bisschen Übung diese Wissbegierigkeit auch auf Schulfächer übertragbar ist! (Zur Belohnung für dein Zutrauen oder aber auch als Anerkennung deiner Ehrlichkeit, weil du noch zweifelst, gibt es auf jeden Fall einen Plus-Punkt bei Station 3.)

Heute befassen wir uns mit einer Sache, die dir bestimmt des Öfteren zu schaffen macht: Du hast deine Arbeiten so wie gestern besprochen vorbereitet und sitzt an deinem Schreibplatz. Obwohl du besten Willens bist, dich zu konzentrieren, kommen dir doch immer wieder irgendwelche andere Dinge in den Kopf, die absolut nichts mit der Hausaufgabe zu tun haben.

Da ist der Ärger, den du mit deinem Lehrer gehabt hast, weil du in der Pause Niespulver auf das Pult gestreut hast; da ist plötzlich der Gedanke an die eher mäßige Note in Mathe, von der du noch nicht weißt, wie du sie deinem Vater beibringen sollst; oder es kommt dir wieder der Gedanke an deinen Freund, der dir gesagt hat, dass er nicht mehr mit dir gehen will, weil er eine andere plötzlich viel netter findet als dich. All diese Dinge machen es dir einfach unmöglich, dich mit Englisch, Geschichte und der Brechung von Lichtstrahlen im Wasser zu beschäftigen. Glaube mir, ich kann dich ganz, ganz gut verstehen! Alle Menschen haben ständig irgendwelche Probleme, die sie mit sich herumtragen und die in diesem Moment die größten auf der ganzen Welt sind! Das meine ich wirklich nicht irgendwie zynisch, sondern ganz einfach ehrlich. Ein Rat, der dir hier (hoffentlich) helfen kann, ist der, dass du mit einem wirklich *guten* Freund darüber sprechen solltest, denn es bringt unglaublich viel, wenn man *Probleme aussprechen* kann; das ist dann quasi so, als ob man sie wenigstens ein bisschen auf die Seite legen kann.

Auf die Seite legen? – Bei diesem Stichwort fällt mir etwas ein! Ich habe mir für solche Situationen eine Problembox gebaut. Das ist ein alter Schuhkarton, der in meinem Regal steht. Ich schreibe mein Problem auf einen Zettel – du glaubst gar nicht, wie gut es tut, fast wie aussprechen –, lege den dann in den Karton und verbanne ihn damit. Das klingt zwar zunächst ein bisschen kindisch, ist aber äußerst hilfreich! Wenn sich dann nämlich während meiner Arbeit das Problem wieder in mein Hirn einschleichen will, dann sage ich zu mir: »Marsch, zurück in die Kiste, du bist erst später wieder dran!« Und tatsächlich, das hilft!

Station 3 Arbeitsplatz

Versuche es doch einfach einmal. Ich habe damit die besten Erfahrungen gemacht!

Eine andere recht wichtige Sache scheint mir aber auch etwas zu sein, was ziemlich sicher von dir selbst abhängt. Schau doch mal bitte in der Liste nach, was du bei der Situation »Schreibtisch – Platz – wegräumen« angekreuzt hast. In meinem Zimmer sieht es auch immer ziemlich chaotisch aus, aber auf meinem Schreibtisch …

Also, ich kenne den Spruch auch: »Ordnung ist etwas für kleine Geister; das Genie überblickt das Chaos.« Und ich habe fest an diese bequemen Worte geglaubt. Seit ich aber unter dem Berg von Heften, Büchern, Platten, Briefen und und und … einmal eine Eintrittskarte für ein Konzert verlegt hatte und so meinen Star nicht sehen und hören konnte, habe ich meine Meinung dazu etwas geändert. Als ich dann meinen Schreibtisch aufgeräumt hatte, was meinst du, was sich da noch alles gefunden hat! Aber was ich anfangs aus Zorn über meine Schlamperei gemacht hatte, entpuppte sich als Pluspunkt (erinnere mich an das Stichwort!) für meine Konzentration! Da ich jetzt nur noch die Sachen auf der Arbeitsfläche habe, die ich zum Erledigen der jeweiligen Hausaufgabe brauche, lenkt mich auch nichts mehr ab. Früher habe ich nämlich zwischendurch mal einen Comic gelesen, die Inhaltsverzeichnisse von Platten studiert oder eine Jugendzeitschrift durchgeblättert. Das war dann soooo interessant, dass ich mich komischerweise überhaupt nicht mehr auf die Aufgaben konzentrieren konnte.

Wie bitte? Du sollst mich an etwas erinnern? Ach so! Du hast Recht: Dann wollen wir mal zusammenzählen:

+ für Fleiß;
+ für Geduld;
+ für Vertrauen!

Arbeitsplatz Station 3

Dir fehlt in dieser Station etwas? Schon wieder hast du Recht, ich bin aber auch ein Schussel:

Tipp 6

Probleme gehören in die Problembox!

Tipp 7

Auf meinem Schreibtisch sind nur die Dinge, die ich gerade brauche!

Ist dir eigentlich schon aufgefallen, dass ich zwar immer vom Arbeitsplatz spreche, diesen aber überhaupt noch nicht genauer beschrieben habe? Du erinnerst dich ja sicherlich daran, dass im Fragenkatalog auch eine Situation vorkam, in der es hieß, »Meine Hausaufgaben mache ich an einem festen Arbeitsplatz«. Auch dieser Satz hat natürlich eine ganz wichtige Bedeutung für unsere *Konzentration.* Das menschliche Gehirn funktioniert ja normalerweise an allen Orten der Welt ziemlich gleich, aber das allein macht noch keine Konzentration aus. Wenn man sich nämlich an einen bestimmten Platz erst gewöhnt hat, dann geht das dort erstaunlicherweise viel besser. Das kann man zwar nicht unbedingt rational erklären, aber vielleicht glaubst du das leichter, wenn ich dir ein paar Beispiele dazu bringe: Wenn du Tennis oder Tischtennis spielst gibt es da nicht eine Seite, auf der du viel besser spielst als auf der anderen? Gibt es beim Fußball nicht auch Plätze, auf denen du noch nie verloren hast? Vielleicht gibt es ja in deinem Klassenzimmer auch einen Platz, auf dem du noch nie eine schlechte Note geschrieben hast.

Station 3 Arbeitsplatz

So ist es auch bei einem Arbeitsplatz zu Hause: Wenn du dich erst an diesen festen Standort gewöhnt hast, dann bringst du automatisch, wenn du dich dorthin setzt, diesen Platz mit den Hausaufgaben in Verbindung, und es fällt dir dann leichter, dich auch darauf zu konzentrieren. Daraus könnten wir doch einen feinen Tipp basteln? Trage bitte selbst ein, wie du ihn formulieren würdest:

Tipp 8

____

____

____

Ich würde so sagen: Ich arbeite an einem festen Arbeitsplatz.

Da gibt es natürlich wieder einen Plus-Punkt für Eigenleistung.

Schön, langsam glaube ich, dass sich bei dir so einiges ändert. Du bist so schön bei der Sache, dass ich es wage, dir gleich noch einen weiteren Vorschlag zu machen, der deinen Arbeitsplatz betrifft:

Natürlich ist es wunderbar, wenn du von deinem Schreibtisch aus in die Natur oder auf die Straße hinaussehen kannst, *aber* lenkt es denn nicht auch ziemlich oft ab? Ist es nicht irrsinnig viel interessanter, zu sehen, wie die Katze des Nachbarn auf dem Baum herumklettert oder was der große Sohn des Hauses nebenan sich für ein tolles Motorrad gekauft hat? Mensch, der neue Spieler von … und die Tina hat schon wieder ein neues Kleid an – so was ganz Verrücktes – und so weiter und so weiter. Wo, bitte schön, bleiben denn da unsere Hausaufgaben?

Medizinmänner Quatsch: Mediziner haben festgestellt, dass bei einem Rechtshänder das Licht des Fensters am besten von schräg vorne links auf den Arbeitsplatz fallen sollte. (Bei Linkshändern natürlich genau andersherum.) Ist ja auch ganz klar, dann gibt es keine störenden Schatten beim Schreiben. Und weißt du, was ich mache, wenn ich »nur« etwas lesen soll? Außer, dass ich meistens mit dem Bleistift in der Hand lese, um etwas anzeichnen zu können, drehe ich mich ganz einfach vom Fenster weg.

Arbeitsplatz Station 3

Natürlich ist es nicht ganz einfach, dein Zimmer so mir nichts, dir nichts umzustellen, weil du ab sofort den idealen Lichteinfallswinkel haben willst, aber vielleicht ein klein bisschen?? Am besten solltest du dazu deine Eltern befragen – wenigstens, damit sie dir dabei ein wenig helfen. Überlege mal, wie sehr du mit einem solchen Gedanken deine Eltern überraschen und beeindrucken wirst! Ich bin sicher, dass sie bei deiner Begründung nicht Nein zu einer Umstellung sagen werden.

Denke daran, dass du *unbedingt* den Störfaktor »Fenster«, der dich vom Arbeiten abhält, ausschalten solltest. Wenn du erst so richtig fit bist in der Konzentration, dann macht dir das fast nichts mehr aus; bis dahin aber solltest du sicherstellen, dass dir der Blick aus dem Fenster nicht so arg leicht fällt.

Tipp 9

Ich achte auf den Einfallswinkel des Lichtes!

Direkt zusammenhängend damit auch noch *Tipp 10:*

Tipp 10

Der Blick aus dem Fenster stört das Lernvergnügen!

Außer dem inzwischen ja schon fast obligatorischen Plus-Punkt für *konzentrierte* Mitarbeit kommt nun zum Abschluss dieses Kapitels noch die versprochene Kurzübung zur *Entspannung.*

Station 3 Arbeitsplatz

Diese Übung ist eine von denjenigen, die du auch während des Unterrichtes durchführen kannst, wenn du merkst, dass nichts mehr in den Kopf hineinwill.

Es handelt sich um eine Entspannungs- aber auch um eine Beruhigungsübung, die sich *hervorragend* für die Zeit *vor* einer Schulaufgabe *oder während* der Schulaufgabe eignet.

- Du sitzt ganz normal auf deinem Stuhl und lässt die Schultern hängen;
- jetzt holst du langsam und tief Luft und zählst dabei für dich bis 12;
- nun die Luft anhalten und wieder bis 12 zählen;
- danach atmest du ganz langsam aus (nicht pfeifend!), die »Puste« sollte dabei allerdings bis 15 reichen.
- So wirst du Atemzug um Atemzug ruhiger.

Denke an einen Leichtathleten vor seiner zu erbringenden Höchstleistung! Der macht absolut nichts anderes!

Was dir während der Klassenarbeit helfen kann: Während du die Luft anhältst, sagst du dir dreimal langsam vor: »Ich schaffe es!« Aber dazu kommen wir dann in einer unserer nächsten Stationen.

Du hast dich sicher schon gefragt, was dieses Zeichen ■ am Seitenrand nun wieder soll. Es weist dich auf Möglichkeiten der Anwendung im Schulalltag hin!

Weißt du eigentlich, warum auf so vielen Dingen, die man an seine Mitschüler verleiht, »WMF« steht?

Ne, ne, das soll keine Werbung für Besteck sein, das heißt nämlich: WIEDERSEHEN MACHT FREUDE!

Auf geht's in die Trainingsrunde!

Auftrag: Schau dir die fünf Linien genau an. Dafür nimmst du dir insgesamt 2 Minuten Zeit. Anschließend sollst du das Buch schließen und die Linien aus dem Gedächtnis nachzeichnen (30 Sekunden). Richte dir also bitte zuerst einen Bleistift und Papier her, damit du nachher nicht lange rumsuchen musst.

Zeitvorgabe insgesamt: 2 Minuten 30 Sekunden

a) 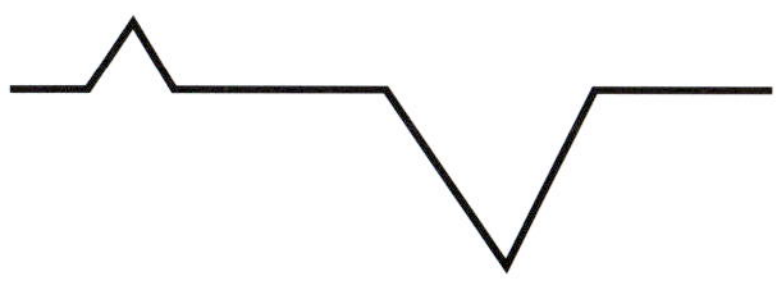

b) 

c) 

d) 

e) 

Zusatzaufgabe

Auftrag: Mit welchen zwei (oder mehr) Zahlen lassen sich die angefangenen Reihen logisch fortsetzen? Schreibe die richtigen Zahlen dahinter.

Zeitvorgabe: 1 Minute 30 Sekunden

1. 5, 7, 9, ________________
2. 4, 8, 16, ________________
3. 4, 8, 7, 14, 13, ________________
4. 288, 144, 148, 74, 76, ________________
5. 7, 12, 24, 29, ________________

Lösung auf S. 93

Station 4 Zeitplanung

Halli, hallo, hier spricht Konz, die Nervensäge! Gehe ich richtig in der Annahme, dass du noch nicht unbedingt alle unsere Tipps in die Realität umgesetzt hast?

Das kann ich verstehen! Man kann sich einfach nicht von heute auf morgen umstellen, und alles läuft dann gleich viel, viel besser!

Wie läuft das denn eigentlich so bei dir? Wann machst du denn so deine Aufgaben? Gehörst du mehr zu denjenigen, die halt dann arbeiten, wenn es gar nicht mehr anders geht, weil sie es so lange hinausgeschoben haben oder wenn sie irgendwann einmal vielleicht wenigstens ein klein wenig Lust dazu verspüren? Na, da muss ich ja schon fast den Zeigefinger heben! Normalerweise sollte die Hausaufgabe ja in einem einigermaßen erträglichen Zeitraum von einer bis zu drei Stunden erledigt werden können. Da kann ich mir leicht vorstellen, dass es da am späten Abend nicht mehr die rechte Freude macht, wenn man weiß, dass noch so viel Arbeit auf einen wartet.

Station 4 Zeitplanung

Also, ich habe mir da einen ziemlich festen Zeitraum festgelegt. Wenn ich nach Hause komme, dann gibt es erst mal etwas Richtiges zu essen. Schließlich habe ich am Vormittag in der Schule einige Stunden kräftig gearbeitet, da habe ich mir doch etwas verdient. Da weder ein leerer noch ein voller Magen gerne studiert, mache ich, wenn ich zu Mittag gegessen habe, erst einmal eine gehörige Pause. (Natürlich nicht bis zum Abendessen.) Die dauert etwa 30 Minuten, und in dieser Zeit mache ich – eigentlich gar nichts.

Da kann es sein, dass ich über die Schwierigkeiten, die ich in der Schule gehabt habe, nachdenke oder sie mit irgendjemanden bequatsche, da kann es aber auch sein, dass ich mir eine tolle Platte anhöre oder dass ich ein kleines Nickerchen mache. Manchmal tut es mir ganz besonders gut, wenn ich ein wenig an die frische Luft gehe und dort meinen Gedanken nachhänge. Auf keinen Fall aber versuche ich, gleich im Anschluss an das Essen zu arbeiten!

Das war vielleicht schwierig, meine Mutter davon zu überzeugen, dass ich ein wenig später besser arbeiten kann! Das darf für dich aber nicht zur Ausrede werden: »Der KONZ macht aber auch 'ne Pause!« Ich kenne aber auch viele Schüler, die sich einfach nicht wohl fühlen, wenn sie nicht sofort – am besten noch vor dem Mittagessen – mit ihren Hausaufgaben anfangen können. Wichtig ist für uns alle auf jeden Fall folgender Tipp:

Tipp 11

Ich suche meine für mich beste Arbeitszeit heraus. Dann fange ich aber auch wirklich an!

Mein nächster Schritt ist dann der, dass ich kurz mal nachschaue, was denn so alles anliegt. Das schätze ich dann zeitmäßig ein und plane mir eine feste Arbeitszeit ein.

Ein Beispiel: Am Montag habe ich Mathe, Englisch, Bio und Deutsch auf. Dafür brauche ich »schätzomativ« etwa: Mathe 20 Min., Englisch 40 Min., Bio 15 Min. und Deutsch 60 Min.

Das macht (verflixt, ich hab meinen Taschenrechner irgendwo verlegt) $2\frac{1}{4}$ Stunden! Also, wenn ich um 14.00 Uhr anfange, bin ich um 16.15 fertig. Dabei habe ich schon ein bisschen Spielraum mit eingerechnet, denn es kann ja auch mal etwas nicht so klappen, wie ich das gerne hätte.

Wenn das geschehen ist, dann überprüfe ich meine Aufgaben erst noch auf ihren Schwierigkeitsgrad. Ich beginne immer erst mit etwas Leichtem, dann mache ich etwas Schwierigeres, und so versuche ich, die Arbeiten schon mal ein wenig zu gliedern. Du möchtest wissen, warum ich mit etwas Leichtem beginne und nicht gleich das Schwierigste wegarbeite?

Da muss ich ein bisschen ausholen: Hat deine Familie ein Auto? Fährt dein Vater da gleich volle Kanne los? Oder hast du schon mal einen Sportler gesehen, der, ohne sich aufzuwärmen, sofort voll einsteigt? Na siehst du! So mache ich es mit den Aufgaben auch. Zuerst wärme ich mich ein wenig auf (die Lehrer nennen das »warming up«) und habe auch gleich noch den positiven Nebeneffekt, dass ich etwas beiseite legen kann, was ich ja schon erledigt habe. (Erinnere dich bitte an Tipp 1. Ein Erfolgserlebnis ist auch eine Art der Belohnung!)

Noch ist es ja aber nicht so weit: Ich habe es sogar eine Zeit lang so gemacht, dass ich mir die Hausaufgaben auf einzelne Zettel geschrieben habe, die ich dann vor mir an die Wand gehängt habe, und immer wenn ich eine davon erledigt hatte, konnte ich den Zettel in den Papierkorb werfen. Das war dann ein sichtbares Zeichen für meinen Erfolg.

Außerdem teile ich mir große Aufgaben (in unserem Fall wäre das wohl Deutsch) auch noch in kleinere Einheiten auf. Für kürzere Zeitspannen fällt es mir nämlich nicht so schwer, mich zu konzentrieren.

So, und jetzt kann die Arbeit beginnen! Vorab habe ich mich durch das Einteilen schon mal mit den einzelnen Gebieten beschäftigt, und jetzt kommt das erste Fachgebiet auf den Tisch. Nur das und nichts anderes! Dazu kommt auch noch ein ganz fester Vorsatz: »In den nächsten 15 Minuten denke ich an nichts anderes als an diese Hausaufgaben!« Das allein genügt schon manchmal, um mich wirklich nur noch auf meine Arbeit zu konzentrieren. Natürlich ist es manchmal auch zu wenig, aber dazu kommen wir später noch.

Station 4 Zeitplanung

Und nun das Ganze noch einmal in Kurz-, sprich Tippform:

Tipp 12

> *Ich beginne mit etwas Leichtem. So verschaffe ich mir schnell ein Erfolgserlebnis!*

Tipp 13

> *Ich teile mir den Lernstoff in Teilziele auf, die ich leichter erreichen kann!*

Tipp 14

> *Ich setze mir eine feste Zeitspanne, in der ich an nichts anderes denken will!*

Natürlich belohne ich mich, wenn ich das dann auch wirklich geschafft habe! Du zum »Bleistift« darfst dich jetzt mit zwei Punkten belohnen, denn wir sind wieder eine Station weiter, und du bist schon ganz schön weit in das Land der Konzentration vorgedrungen!

Wie versprochen, kommt nun natürlich zum Schluss eine Entspannungsübung, damit du das eben Gelesene gut verdauen und verarbeiten kannst. Damit ich es aber nicht vergesse, bevor du das Buch weglegst:

Zeitplanung Station 4

Congratulations! Du hast schon einen Teil deiner Schwäche überwunden! Warum? Ganz einfach: Du hast dir bis jetzt doch einwandfrei bewiesen, dass du in der Lage bist, konsequent zu arbeiten! Und das noch dazu auf einem Gebiet, von dem du bisher behauptet hast, es würde dir keinen Spaß machen oder sowieso nichts nützen.

Da du ja jetzt sowieso gerade zu Hause bist und dich hoffentlich auch niemand stört, folgende Übung:

- Stemme deine beiden Hände in die Hüften;
- jetzt beuge den Oberkörper nach vorne und atme dabei tief und gründlich aus;
- dann richte dich mit Schwung auf und atme dabei tief ein; pumpe deine Lungen richtig voll!

Diese Übung solltest du drei- bis fünfmal wiederholen
(nicht öfter, weil dir sonst schwindelig wird!).

UND NUN TSCHÜS!!

Also dann bis morgen! Versuch doch einfach mal, deine Hausaufgaben so wie beschrieben zu starten!

A

Station 4 Zeitplanung

Hier kommt sie endlich, die Seite für die Aktiven!

Auftrag: Du siehst auf dieser Seite Dreiecke, Kreise, Rechtecke und Quadrate. Alle diese geometrischen Figuren bekommen eine Wertigkeit:

Der Kreis ist	2 Punkte wert,
das Dreieck ist	3 Punkte wert,
das Rechteck ist	4 Punkte wert,
das Quadrat ist	–5 Punkte wert.

Welche Zahl kommt heraus, wenn du die Werte zusammenzählst (bzw. abziehst)?

Zeitvorgabe: 5 Minuten

Lösung auf S. 93

Fleißaufgabe

Zeichne ein Quadrat mit der Seitenlänge von 10 cm auf ein weißes (oder farbiges), möglichst festes Papier. Noch besser eignet sich ein Stück Karton.

Dieses Quadrat unterteilst du, wie du es hier sehen kannst:

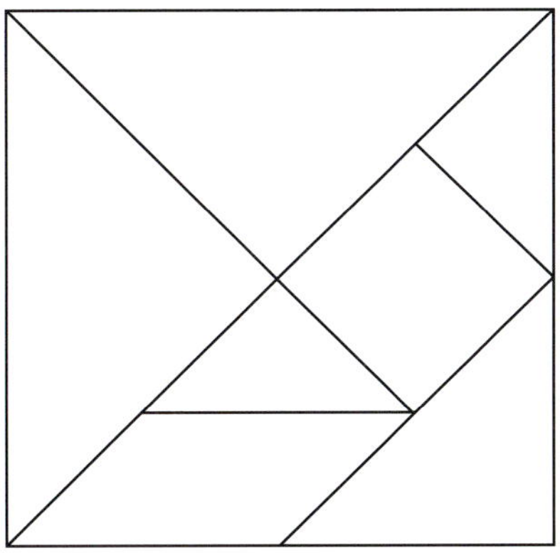

Die einzelnen Teile schneidest du aus.

Nun versuche, das Quadrat wieder zusammenzusetzen!

Die Chinesen nannten dieses Konzentrationsspiel übrigens Tangram. Es könnte natürlich sein, dass du so ein Spiel irgendwo in der »Spielekiste« hast, es aber immer nur als kindisches Zeug abgetan hast. Dann suche dieses heraus, und beschäftige dich mal damit! Es wäre sicher überlegenswert, sich so ein Spiel anzuschaffen, da es unglaublich viele Möglichkeiten anbietet, mit denen du deine Konzentration steigern kannst!

Station 5 Bewusster arbeiten

Einen wunderschönen Tag wünsche ich! Ich hoffe, du bist gut drauf und hast vielleicht schon die ersten positiven Erfahrungen machen können, die von der Lektüre unserer Reisebeschreibung herrühren. Dieser Gedanke ist eigentlich wunderbar als »Aufhänger« für unsere erste Entspannungs-/Konzentrationsübung geeignet. Du erinnerst dich doch: Wir haben uns vorgenommen, uns für erbrachte Leistungen (wenn es geht) zu belohnen. Ich möchte dir heute zeigen, dass es dafür außer unseren Plus-Punkten noch eine ganz besondere Form gibt: Es ist nämlich die *Selbstbestätigung!* Deshalb mein Vorschlag für die heutige Übung:

Erst lesen – dann ausführen!

▲ Du gehst in deinem Zimmer auf und ab (vielleicht auch im Wohnzimmer oder im Flur) – gaaanz gemütlich und langsam – und denkst darüber nach, welche Tipps du bis jetzt schon angewendet hast und vielleicht auch in welchen Situationen das war. Versuche dabei, dich nicht von all den herumstehenden oder herumliegenden Dingen ablenken zu lassen und nicht an andere Dinge zu denken! Jedes Mal, wenn du merkst, dass dich etwas von deinen Gedanken wegführt, bleibst du stehen und machst dir die Störung bewusst. Dann sagst du dir aber, dass das jetzt nicht sein darf, und wenn du wieder bei der Sache bist, gehst du weiter.

Ich denke nur an meine Tipps und an nichts anderes!!!

Du wirst sehen, das ist wirklich gar nicht so einfach! Das Ganze wird etwa so 3–5 Minuten dauern. Also, lege das Buch zur Seite, und los geht's!!

– . – . – . – . – . –

So, hat es geklappt?

Bewusster arbeiten Station 5

Und? Bist du mit dir zufrieden? Hast du schon etwas anwenden können? Na siehst du, das ist doch ein Erfolg – und dafür darfst du dir natürlich sofort einen Plus-Punkt eintragen! Ich vermute, du bist noch relativ oft stehen geblieben, aber das ist gut so! Du hast dir dann nämlich *bewusst* gemacht, dass du dich durch etwas hast ablenken lassen!

Die Sache mit dem »Spazierengehen« ist übrigens keine Erfindung von mir oder meiner Familie. Schon die Mönche in den Klöstern haben gemerkt, dass man sich auf diese Weise gut konzentrieren kann. Deshalb gibt es dort auch die so genannten »Wandelgänge«. Da gingen die Brüder mit ihren Bibeln auf und ab und memorierten oder dachten ganz einfach nach. Du könntest dir diese Eigenart natürlich auch zunutze machen: Bevor du eine Schulaufgabe schreibst, könntest du so zum Beispiel auf dem Gang vor dem Klassenzimmer auf und ab gehen. Dabei kommst du selbst mehr zur Ruhe und lässt dich nicht von den Freunden oder Freundinnen, die alle etwas ganz anderes und überhaupt viel viel mehr als du gelernt haben (was meistens gar nicht stimmt!), verrückt machen oder beirren. Außerdem kannst du dir noch einmal die Jahreszahlen, Formeln oder die drei Vokabeln, die du dir nicht gemerkt zu haben glaubst, ... vor Augen führen. Dabei solltest du versuchen, möglichst gleichmäßig zu atmen, und dir zum Schluss noch vornehmen: »Ich schaffe es – schließlich habe ich ja gelernt!« (Das ist natürlich die Voraussetzung für die Wirksamkeit dieser Methode!) Genauso kannst du dich auch konzentrieren, wenn du zum Beispiel ein Gedicht lernen sollst. Versuche es doch einfach mal, im Gehen zu lernen!

Ach, du möchtest das gerne in Tippform? Gut, hier ist der Tipp!

Tipp 15

Im Gehen läßt sich's gut konzentrieren!

Station 5 Bewusster arbeiten

Da fällt mir übrigens gleich noch etwas recht Wichtiges ein (auch wenn deine Mutter das schon hundertsiebzehn Mal gesagt hat): An einem Tag, an dem du eine Schulaufgabe schreibst, solltest du am Morgen rechtzeitig aufstehen, um dich in *Ruhe* auf den Tag vorzubereiten. Ein gemütliches und vitaminreiches Frühstück lässt den Tag doch gleich ganz anders erscheinen! Außerdem kannst du dann in Ruhe deinen Schulweg antreten und vielleicht sogar während des Gehens noch ein bisschen nachdenken.

Tja, wir sind nun inzwischen so ziemlich in der Mitte unserer Reise angekommen, und es ist notwendig, dich an dieser Stelle etwas zu fragen. »Wie geht es dir eigentlich so auf unserer Reise? Hast du vor, so weiterzuarbeiten, schließlich haben wir es ja bald geschafft?«

Nun, leider hat die Sache da einen Haken. Es macht nämlich wenig Sinn, wenn du glaubst, dass jeden Tag so ein paar Minuten mit dem Konz schon ausreichen werden. Um einen wirklichen Lerneffekt zu erreichen, musst du das eine oder andere Kapitel schon mal wiederholen! Genauso ist es auch möglich, mal ein paar Tage auszusetzen und sich auf das, was wir bisher erfahren haben, zu konzentrieren. Du musst also wirklich versuchen, es dir ganz fest anzueignen, sodass es für dich selbstverständlich wird! Was heißt das nun genau? Auf den Tag verteilt musst du (praktisch ab sofort) immer wieder kleine Übungen machen, die deine Konzentrationsfähigkeit schulen. Dabei ist wichtig, dass du das ganz bewusst machst, um dabei einen Erfolg auch wirklich zu bemerken. Außerdem schulst du dabei unter anderem zum Beispiel ganz nebenbei deine Fähigkeit, genau zu beobachten.

Ach, du meinst, da kommst du nicht dazu? Das hatten wir doch schon mal! Aber sicher kommst du dazu, denn die Übungen betreffen ja deinen ganz normalen Tagesablauf! Das beginnt damit, dass du (so vermute ich doch) einen Schulweg hast. Schließe kurz mal die Augen und gehe diesen eben mal in Gedanken durch … Hast du auch an die kaputte Mülltonne von Meiers gedacht? Oder an Struppi, der immer kläfft, wenn du vorbeigehst? Oder ist da nicht täglich dieses Auto mit dem Pauker darin, der dich immer an der gleichen Stelle überholt? – Siehst du, konzentriere dich doch mal während deines Schulweges darauf, vorauszudenken: »Wenn ich da vorne um die Ecke biege, dann sehe ich: (das Auto von Müllers – ob sie es wohl endlich gewaschen

haben? – den alten Kanister, der seit Tagen am Straßenrand liegt«, und so weiter und so weiter).

Je genauer du all diese Dinge voraussagst, desto besser hast du dich auf den vor dir liegenden Bereich konzentriert.

Noch ein Beispiel:

Kommst du auf deinem Heimweg an einem Schaufenster vorbei? Prima! Wie oft bis du da schon achtlos daran vorbeigegangen, ohne bemerkt zu haben, dass es sich hier um ein fast ideales Hilfsmittel zur Konzentrationsschulung handelt? Ja, ja, ich weiß schon, du glaubst mir erst, wenn ich das erklärt habe, und du hast ja auch ganz Recht.

Also, morgen schaust du dir die Auslage dieses Schaufensters einmal für zwei Minuten ganz genau an. Wenn du dann weitergehst, dann führst du dir alles, was du gesehen hast, vor Augen. Dabei versuchst du, dich ganz genau an alle Einzelheiten zu erinnern! Denke an Einzelheiten wie Farbzusammenstellung, an die genaue Anzahl der ausgestellten Waren … oder vielleicht an die Preise! Weißt du jetzt, was ich damit meine, wenn ich sage, du könntest dich mit so kleinen Übungen auch im genauen Hinsehen schulen? Hoffentlich glaubst du auch selbst daran, dass dir solche Übungen wirklich helfen können, denn sonst hätte es ja gar keinen Sinn, dass ich dir weiterhin etwas erzähle.

Weil ich davon überzeugt bin, dass diese Art der Konzentrationsübung extrem wichtig ist, möchte ich dir nun den vielleicht wichtigsten Tipp überhaupt geben.

Tipp 16

Ich kann (und muss) meine Konzentrationsfähigkeit ständig weiterschulen!

Und weil wir gerade so schön dabei sind, noch etwas, was dir vielleicht auf den ersten Blick wieder einmal ziemlich komisch vorkommen mag.

Station 5 Bewusster arbeiten

Wenn man sich der Tatsache bewusst ist, dass *Aufmerksamkeit,* die man absichtlich herbeiführt, die Konzentration direkt herbeizwingt, dann erscheint es dir vielleicht als nicht mehr so ungewöhnlich: Suche dir eine Tätigkeit aus, die du jeden Tag mit größter Selbstverständlichkeit erledigst. Das kann der morgendliche Aufenthalt im Bad genauso sein wie das simple Binden der Schuhe. Diese Tätigkeit führst du in den nächsten Tagen so perfekt aus, als würdest du dafür benotet! Das heißt zum Beispiel, dass du die Zahnpasta genau auf die 32. bis 54. Borste legst – ja, ja, ich gebe ja zu, das ist etwas übertrieben, aber versuche es ruhig mal! – und die Schleifen deiner Schuhe beidseitig symmetrisch bindest usw. Wenn du das drei bis vier Tage lang gemacht hast (jedes Mal, wenn diese Tätigkeit anfällt!), dann versuchst du, eine zweite Tätigkeit zusätzlich genauso akkurat durchzuführen. Das scheint zwar mit der Schule nur sehr wenig zu tun zu haben, aber Konzentration ist ja schließlich nicht auf die Schule begrenzt, und so überträgt sich deine Fähigkeit bestimmt auch auf deine anderen Tätigkeiten wie das Lernen.

Also:

Tipp 17

Genaues und kontrolliertes Ausführen von selbstverständlichen Tätigkeiten lässt mich konzentriert werden!

Das klappt deshalb, weil du deine Arbeiten bewusster erledigst und so über dein Handeln genau nachdenkst.

Jetzt blättere bitte mal nicht zurück: Wie viele Tips hat es in diesem Kapitel gegeben? … Richtig? Richtig! Es waren 3. Eigentlich ist das ja auch schon genug für heute, und du darfst dir auch gleich einen eintragen (einen Plus-Punkt natürlich). *ABER* erst, wenn du folgende Abschlussarbeit erledigt bzw. die Fragen beantwortet hast:

Bewusster arbeiten Station 5

1. Schreibe auf, welche alltäglichen Arbeiten du in den nächsten Tagen »perfekt« durchführen willst.

2. Wie viele Fenster hat das 5. Haus auf der linken Straßenseite, an dem du auf deinem Schulweg (Weg zum Bus) vorbeikommst?

3. Erinnere dich an das, was dich während der Lektüre dieses Kapitels gestört bzw. abgelenkt hat.

   a) Einflüsse von außen (Hund, Schwester, Telefon)

   b) Feste Gegebenheiten (Heulen des Windes, Blume in der Ecke)

   c) Gedanken (an die Schulaufgabe, den Freund/die Freundin)

Station 5 Bewusster arbeiten

Nachdem du dir dies alles *bewusst* gemacht hast, wirst du das morgen vielleicht ausschalten können; auf jeden Fall gibt es in diesem Kapitel für jede Tätigkeit, die du unter 1. aufgeschrieben hast, einen Punkt!

Zu deiner Entspannung legst du dich nun auf den Boden – nachdem du eine ruhige Instrumentalmusik leise eingeschaltet hast. Deine Arme liegen mit der offenen Handfläche nach unten locker neben dir. Versuche jetzt, deinen Körper zu spüren.

- Deine rechte Hand;
- deine linke Hand;
- deinen rechten Fuß;
- deinen linken Fuß.

Nicht bewegen!

Nun lässt du dir noch mal durch den Kopf gehen, was du heute gelesen hast.

A

Bevor du wieder aufstehst, solltest du die Beine und Arme erst ein wenig bewegen und dir schließlich – quasi als Abschluss – noch einen Punkt geben.

Für morgen hast du schon etwas vor! Also übertreibe nicht, wir sehen uns bestimmt bald wieder, wenn du deine Selbstverständlichkeiten perfekt beherrschst.

Wer viel trainiert, hat schnell Erfolg!

Auftrag: Lies bitte den folgenden Text einmal für dich selbst leise durch. Wie du feststellen wirst, fehlen Satzzeichen und Zwischenräume zwischen den Wörtern. Außerdem sind alle Buchstaben großgeschrieben. Wenn du dich gut konzentrierst, wirst du es schon schaffen.

Zeitvorgabe: 3 Minuten

1. NATURUNDLANDSCHAFTSINDALSLEBENSGRUNDLAGEUM
WELTUNDERHOLUNGSBEREICHDESMENSCHENZUSCHÜTZE
NZUPFLEGENUNDZUGESTALTENPFLANZENUNDTIERARTENL
ANDSCHAFTSTEILEUNDEINZELSCHÖPFUNGENDERNATURSIN
DAUCHAUSWISSENSCHAFTLICHENUNDHEIMATPFLEGERISC
HENGRÜNDENZUSCHÜTZENNEBENDENAGRARBEREICHENE
INSCHLIESSLICHDESWALDESSINDAUCHDIEWOHN-GEWERBE
-UNDVERKEHRSBEREICHEUNDERHOLUNGSBEREICHEZUPF
LEGENUNDZUGESTALTEN.

2. NATURUNDLANDSCHAFTSINDINIHREMLEISTUNGSVERMÖG
ENZUERHALTENSIESINDINSBESONDEREVOREINGRIFFENZUB
EWAHRENDIESIEOHNEWICHTIGENGRUNDINIHREMWIRKUNG
SGEFÜGEIHREREIGENARTUNDIHRERSCHÖNHEITBEEINTRÄC
HTIGENODERGEFÄHRDENKÖNNENEINGETRETENESCHÄDEN
SINDZUBESEITIGENODERAUSZUGLEICHENFÜREINEBIOLOGI
SCHMÖGLICHSTVIELFÄLTIGELANDSCHAFTISTZUSORGEN.

Bayerisches Naturschutzgesetz

Gut, einmal hast du das geschafft! Lies den Text jetzt bitte noch einmal – setze zwischen jedes abgeschlossene Wort einen senkrechten Bleistiftstrich, und versuche, die richtige Interpunktion (also Punkt und Komma) zu setzen.

Lösung auf S. 94

Station 6 *Gekonnt entspannen*

Hoppla, hier bin ich wieder. Ich bin noch ganz außer Atem, lass uns am besten erst einmal eine gemeinsame Übung zur Entspannung und Konzentration machen, die habe ich heute nämlich ganz dringend nötig. Machen wir es uns also »gemütlich«. (Es wäre schön, wenn du ein Musikstück leise laufen lassen könntest, das von ruhigen und gleichmäßigen Passagen geprägt ist.)

▲ Setze dich auf deinen Stuhl, nutze dabei die gesamte Sitzfläche aus, und lehne dich an. Jetzt entspannst du deinen Oberkörper; das heißt, du krümmst ihn leicht nach vorne, die Schultern sinken nach unten, und der Kopf neigt sich leicht nach vorne. Du spreizt deine Beine so weit, dass die Arme gut dazwischen hineinpassen. Die Ellenbogen stützt du auf die Oberschenkel, deine Hände sind locker und offen, die Füße stehen ganzflächig auf dem Boden.

»Langsam, langsam! Erst den Auftrag fertig lesen!«

Im autogenen Training nennt man dies übrigens den »Kutschersitz«. Ganz locker entspannt und bequem sollst du nun 2–3 Minuten so dasitzen. Schließe dazu deine Augen – spüre dich selbst. Atme stets möglichst gleichmäßig dabei!

Wenn du wirklich entspannst, dann wirst du merken, dass sich auch deine Gesichtsmuskulatur löst und dass es an der einen oder anderen Stelle deines Körpers ein wenig zu kribbeln beginnt (z.B. an den Füßen).

ALSO – GUTE ENTSPANNUNG!

Gekonnt entspannen Station 6

So, wie fühlst du dich jetzt? Bist du bereit für die Arbeit?

Gut, dann kann es ja losgehen:

- Die Musik ist wieder ausgeschaltet;
- der Arbeitsplatz ist wie besprochen aufgeräumt;
- du bist ganz bei der Sache.

Dein Auftrag lautet nun:

Lies die folgenden Zeilen, und zähle dabei alle »n«, die du finden kannst. Nimm dir Zeit dafür, hetze dich nicht, es treibt dich niemand! Du meinst, das ist ganz einfach? Na, wir werden sehen. Du darfst dazu nämlich keinerlei Hilfsmittel verwenden! Also auch nicht deine Finger zum »Darunter-fahren«! Bitte also nur mit den Augen über die Zeilen gleiten und die »n« zählen!

Schau doch bitte trotzdem mal auf die Uhr, wie lange du brauchst. Du kannst diesen Test nämlich beliebig oft wiederholen – auch ohne das ganze Buch nochmals lesen zu müssen.

Man kann Ihnen niemals gleich ein neues Angebot vermitteln, wenn sie in eine neue Gemeinde kommen. Andererseits können sie natürlich einen netten Abend in einer der vielen Tanzlokale verbringen. Bitte pennen sie nicht unter den Brücken, die den Fluss überspannen, denn das ist gefährlich.

Und, hast du's geschafft? Wie viele hast du denn gefunden? __________ Und wie lange hast du dafür gebraucht?

Wenn du 46-mal den Buchstaben »n« gefunden hast, dann hast du dich gut konzentriert und dir dafür natürlich auch ein dickes Plus verdient. Besonders toll ist deine Leistung dann, wenn du bei der richtigen Anzahl nicht länger als eine Minute gebraucht hast.

Aber auch eine nicht ganz richtige Zahl ist kein Beinbruch oder gar Grund zur Verzweiflung, denn das zeigt halt, dass wir noch kräftig weiterüben müssen.

Station 6 *Gekonnt entspannen*

Bei der Bearbeitung hast du bestimmt gemerkt, dass man nur zu gerne von dem Punkt, an dem man gerade ist, abgleitet. Du kannst nun diesem Malheur abhelfen, wenn du zunächst mit dem Bleistift arbeitest, um dir das Wichtigste zu unterstreichen. (In unserem Fall sind das die »n«.)

Um eine solche Übung durchführen zu können, musst du aber nicht erst lange nach einem so sinnlosen Text suchen, wie ich ihn dir vorgeführt habe. Es eignen sich dafür alle Texte – also auch solche, die du vielleicht heute gerade in Erdkunde, Geschichte, Biologie … aufhast. Suche stets solche Buchstaben, die sich leicht verwechseln lassen, wie zum Beispiel b/d, m/n oder a/o. Im Laufe der Zeit kannst du dir dann auch ein Zeitlimit setzen, innerhalb dessen du die Buchstaben gefunden haben willst.

Welchen tieferen Sinn hat nun so eine Übung? Nun, sie schult die Fähigkeit des genauen Hinsehens und des Sich-auf-einen-Schwerpunkt-Konzentrierens. Außerdem ergibt sich bei Hausaufgabentexten noch der zusätzliche Vorteil, dass du dich ein weiteres Mal mit dem Text beschäftigst.

Wir halten also fest:

Tipp 18

Steter Tropfen höhlt den Stein!

Tipp 19

Ich wähle als Übung einen Text aus meiner Hausaufgabe!

Gekonnt entspannen Station 6

Tja, du merkst schon, unsere Arbeitsweise ändert sich inzwischen ein klein wenig. Immer mehr werde ich dich nämlich in die Arbeiten einbeziehen, denn schließlich möchtest du ja etwas von unserer Reise haben!

Eine tolle Sache, die wir heute noch gemeinsam durchführen wollen, ist die folgende Übung, die du auch wieder ohne Hilfsmittel durchführen sollst.

Auf dem Bild, das du dir vielleicht schon angeschaut hast, siehst du meine Oma – von ihr wirst du auch noch mehr hören, sie ist eine ganz, ganz weise Frau! Ihr ist ein Korb mit Wolle heruntergefallen. Meine Frage an dich:

Findest du heraus, zu welchem Knäuel das Fadenende gehört, mit dem ich da gerade herumspiele?

Bitte nur mit den Augen nachfahren und keine Hilfsmittel verwenden! (Gib dir selbst etwa 30 Sekunden Zeit, um das herauszufinden!)

Station 6 Gekonnt entspannen

Vielleicht sagst du jetzt, dass das eine kindische Übung ist und dass du nicht mehr in die zweite Klasse gehst und überhaupt. Aber gerade solche Übungen sind wirklich gut geeignet, deine Konzentration zu erhöhen (weil du nämlich ganz genau hinschauen musst und jede Ablenkung – gleich, ob von außen oder durch dich selbst – zum Scheitern führt).

Und? Hast du's herausgefunden? Wenn ja, dann hast du dir wirklich einen dicken Plus-Punkt verdient, denn dann hast du bewiesen, dass du dich sehr wohl konzentrieren kannst! Und das ist doch etwas!

Ach so, du weißt die Lösung noch gar nicht? Na, lass mich nachsehen … ich komme zum Knäuel »R«. Hurra! Du auch? Also toll, dann hast du es geschafft. Ein Sprung zu unserer Punktetabelle – und hinein damit! Überall kannst du also Übungen finden, mit denen du deine Konzentrationsfähigkeit steigern kannst. Denke doch nur mal an die vielen Rätselseiten in der Fernsehzeitung! Ist da nicht fast immer auch ein Suchbild dabei, auf dem der »Gärtner« oder der »kleine Hase« gesucht wird? Überblätterst du das achtlos, oder beschäftigst du dich auch mal damit?

Und was kommt zum guten Schluss für heute?

Richtig. Gekonnt entspannen ist angesagt:

Das heißt, reflektieren über das bereits Gesagte und Gehörte (Gelesene). Während du dich bequem in deinem Stuhl zurücklehnst, denkst du darüber nach, wie der Kutschersitz aussah, und nimmst dann diese Haltung ein. Also jetzt noch mal das Wichtigste aus diesem Kapitel!

Ich würde zum Beispiel so zusammenfassen:

- Steter Tropfen höhlt den Stein;
- Eigenleistung erbringen;
- Konzentrationsübungen »lauern« überall;
- Hausaufgaben als Übung verwenden;
- nicht aufgeben.

AUFGEBEN?? NIE!

Gekonnt entspannen Station 6

Also bis demnächst! Ich muss dir doch noch einmal meine Oma vorstellen!

Apropos Oma: Weißt du eigentlich, was eine Oma ist?

Eine Oma ist, wenn eine Frau, die schon Kinder hat, die selbst wiederum Kinder haben, kommt und dann, wenn sie da ist, immer etwas Feines für die Kinder der Kinder dabeihat oder diesen das fehlende Taschengeld heimlich zusteckt, wofür sie von ihren eigenen Kindern nicht immer gelobt, von den Kindern der Kinder aber sehr geliebt wird und sich deshalb über den Ärger mit den Kindern nicht ärgert, sondern sich über die Freude der Kinder der Kinder freut.

A

Alles klar?

Station 6 Gekonnt entspannen

Liebe Leute, hört mal her,
heut ist Üben gar nicht schwer!

Auftrag: Du siehst auf dieser Seite sechzehn Sternchen. Suche die kürzeste Verbindung aller Sterne miteinander in einer durchgehenden Linie. Jeder Stern darf nur einmal berührt werden, es darf zu keiner Überschneidung kommen, und am Schluss kommst du wieder am Anfangsstern heraus!

Anfangen kannst du, wo du willst, es kommt nämlich immer auf das Gleiche heraus.

Günstig ist es, wenn du dir die Sterne auf ein Blatt aufzeichnest und es dort probiert. Normalerweise klappt es nämlich nicht gleich auf das erste Mal.

Zeitvorgabe: 5 Minuten

*   *   *   *

*   *   *   *

*   *   *   *

*   *   *   *

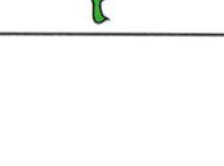

Lösung auf S. 94

Noch Lust auf eine weitere Übung?

Gut, hier ist die nächste Übung.

Auftrag: Lege 12 Streichhölzer, wie unten gezeigt, auf deinen Schreibtisch. Du darfst nun nur zwei Streichhölzer entfernen, um zu erreichen, dass nur noch zwei Quadrate zu sehen sind. Du darfst keine Hölzchen verschieben oder umlegen!

Zeitvorgabe: 3 Minuten

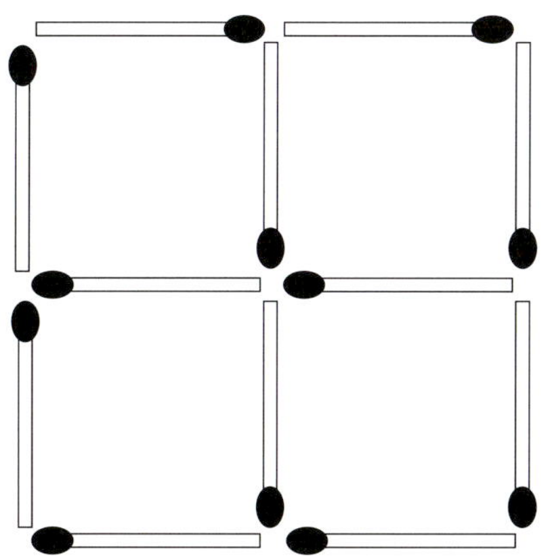

Intensives Nachdenken und heftiges Probieren ist angesagt, denn drei Minuten sind wirklich schnell vorbei, wenn man eine so knifflige Aufgabe lösen soll! Also konzentriere dich ganz intensiv und bedenke, dass Quadrate zwar vier gleich lange Seiten und vier rechte Winkel haben, aber nicht unbedingt gleich groß sein müssen!

Lösung auf S. 94

Station 7 Lernphasen

Ich wünsche, einen guten Tag gehabt zu haben! Hast du heute schon wieder ein wenig von dem bisher Erfahrenen umsetzen können? Also, wie ich dich bis jetzt so kennen gelernt habe, bin ich mir da eigentlich fast schon sicher!

Also, heute muss ich dir einfach von meiner Oma erzählen: Eine irre Frau! Und dermaßen gescheit! Weil sie immer so klug ist und stets einen guten Rat auf der Pfanne hat, wenn wir sie etwas fragen, haben wir ihr einen lateinischen Spitznamen gegeben: »RATIO«, was so viel heißt wie Vernunft oder auch Verstand. Sie hat mir vor einiger Zeit den folgenden Hinweis für eine »Arbeitseinstimmungskonzentrationsübung« gegeben. Ich finde den so gut, dass ich dich bitten möchte, doch am besten gleich mitzumachen.

● ▲ Setze dich doch bitte mal so an deinen Schreibtisch, dass du deinen Kopf auf beide Hände stützen kannst; die Daumen sollten dabei unter den Ohren liegen und die ausgestreckten Finger auf der Stirn. (Dadurch schirmst du automatisch dein Blickfeld nach links und rechts ab.) Zwischen deinen Ellbogen liege ich!

Jetzt könntest du eigentlich so weiterlesen, und du müsstest nur zum Umblättern so zwischendurch mal zu mir herunterlangen – das sollst du aber nicht! Du sollst vielmehr – während du wieder ganz bewusst atmest – ganz konzentriert auf das Buch blicken. Damit dir das nicht langweilig wird und du nicht an sonst was denkst, versuche, die vorzustellen, die letzten 5 Seiten würden *gaanz* langsam zurückgeblättert. Siehst du sie vor dir? Weißt du noch, was da steht, zum Beispiel, wie der Tipp 18 lautete?

Lass dir Zeit dazu!

Atme gleichmäßig ein und aus; ganz ruhig bleiben!

Wenn du nun in Gedanken zurückgeblättert hast, dann blicke hoch, und du wirst merken, dass du dich ganz in das Buch hineinvertieft hattest. Ein vollkommen neuer Eindruck beschäftigt nun deine Sinne, denn du siehst dein Zimmer wieder und nimmst es bewusst wahr. Langsam »kehrst du aus deinem Buch zurück«.

Im Anschluss an diese Konzentrationsphase kannst du nun selbstverständlich nachsehen, wie genau du dich an die einzelnen Bereiche erinnert hast. Puh, das war schon ganz schön anstrengend, findest du nicht? Es waren zwar nur ein paar Minuten, aber die in voller Konzentration! Dafür gibt es später einen Plus-Punkt! Nein, nicht jetzt, sonst ist alles wieder futsch! Machen wir es doch so wie bei der Problembox: +, du bist später dran!

Vielleicht hast du dich gewundert, dass ich dir diese Übung so ausführlich beschrieben und dabei auch noch recht von ihrer Genialität geschwärmt habe. Das hat natürlich wieder einmal seinen Grund:

Eine solche Übung zu Beginn einer Schulaufgabe hilft dir, dich ganz auf deinen Arbeitsplatz zu konzentrieren. Du machst dir nicht nur geistig, sondern auch körperlich klar, dass du jetzt nur hier arbeitest. Wenn dann die Aufgabenstellungen ausgeteilt sind, wird es dir auf dieselbe Weise gelingen, deine gesamte Aufmerksamkeit (hab ich doch auch schon mal irgendwo gehört?) voll auf das Blatt zu zentrieren und dir alles erst gut durch den Kopf gehen zu lassen, bevor du anfängst zu schreiben.

Station 7 Lernphasen

Tipp 20

»Abschirmen« gegen Störungen von außen!

Oft geht es uns ja in der Klassenarbeit so, dass uns gerade das, was wir vorhin noch gewusst haben, ausgerechnet jetzt nicht mehr einfällt. (»Und dabei hast du's doch sooo gut gelernt!«) Mit Hilfe der angegebenen Übung kann es dir nun gelingen, dich wieder an das – angeblich – Vergessene zu erinnern.

Auch hier wieder erst ein beweisendes Beispiel:

Du hast sicher schon manchmal deinen Schlüssel oder Geldbeutel verlegt. Trotz heftigen Suchens gelingt es dann meist nicht, den verlorenen Gegenstand wieder zu finden. Fast automatisch wirst du dann wohl folgende Taktik anwenden und dich fragen: »Wo bin ich gewesen? Welchen Weg bin ich gegangen? Wo habe ich mich aufgehalten? Wo habe ich den Gegenstand zum letzten Mal gesehen?« Das heißt, du lässt in Gedanken deine letzten Tätigkeiten an dir vorüberziehen, und plötzlich fällt es dir ein: »Da habe ich ihn doch auf das Regal im Wohnzimmer gelegt, weil ...«

Na siehst du! Warum sollst du diese erfolgreiche Taktik nicht auch in der Schule oder beim Erledigen deiner Hausaufgaben anwenden? Genauso wie bei dem verlorenen Gegenstand lässt sich die Taktik auch in den oben angesprochenen Situationen anwenden.

Während du dich auf die beschriebene Weise konzentrierst, lässt du deine Lernphasen oder die Unterrichtsstunde, in der das Problem besprochen wurde, an dir vorüberziehen oder blätterst in Gedanken in deinem Buch. Du wirst sehen, die meisten Dinge (die du natürlich irgendwann wirklich bewusst aufgenommen oder gelernt haben musst) lassen sich so wieder finden!

Was, du willst noch einen Beweis? Gut! Geht es dir nicht manchmal so, dass du zwar etwas nicht mehr wiedergeben kannst, aber genau weißt, wo es steht? Na siehst du, das ist genau dasselbe Phänomen: Du verbindest einen Lerninhalt mit einem Ort, an dem du ihn gesehen hast. Nun brauchst du »nur noch« in Gedanken diese Seite aufzuschlagen und »nachzusehen«.

Das funktioniert auch, wenn du dich an Situationen erinnern willst, in denen etwas geschehen ist. Also zum Beispiel die letzte Mathematikstunde, in der vielleicht gerade, als der Lehrsatz aufgeschrieben wurde, dein Füller gestreikt hat. Es fällt dir dann erst ein, wann oder unter welchen Umständen du die Formel (kennen) gelernt hast und es kommt nun darauf an, dich geistig genau in diese Situation zurückzuversetzen. Das wiederum – und jetzt schließt sich der Kreis wieder – geht bei vielen Menschen (warum also nicht auch bei dir?) am leichtesten, wenn sie ihren Kopf in die Hände stützen.

Nach so viel Theorie nun aber wieder zurück in die heutige Englisch-/Französisch-/Lateinstunde. Sicher sind in dieser Stunde neue Begriffe aufgetaucht, und du musst sie nun als Vokabeln lernen. Versuche jetzt, dich an solche zu erinnern, die du mit irgendeiner besonderen Situation in Verbindung bringen kannst.

Es bieten sich unglaublich viele Möglichkeiten an (nur so ein paar Beispiele, damit du einen kleinen Anhaltspunkt hast):

- Die lustige Bemerkung eines Mitschülers;
- das Abbrechen der Kreide;
- die Durchsage, die gerade bei der Erklärung störte;
- der Gong, der justament zu diesem Zeitpunkt die Stunde beendete;
- dein eigenes Bemühen, die Bedeutung zu verstehen;
- die falsche Übersetzung von …

Wichtig ist nun aber auch, dass du dir dieses Wort – oder irgendeine Formel – nicht isoliert merkst, sondern gleich in einen Zusammenhang setzt. Du schaffst dir also gleich eine neue Situation, die du dir merken kannst.

Also – welche Worte fallen dir dazu ein? Denke an die Körperhaltung (Kopf aufstützen, Sichtfeld begrenzen)!

Station 7 *Lernphasen*

Ganz schön anstrengend heute – was? Da haben wir uns aber wirklich eine heftige Belohnung verdient! +, +!

Selbstverständlich vergessen wir nicht unseren Punkt vom Anfang der Station. Trage ihn jetzt sofort ein.

Als Tipp kann ich dir heute Folgendes anbieten:

Tipp 21

> ***Lerninhalte lassen sich gut an Situationen »festmachen«!***

Oder aber:

Tipp 22

> ***Ich kann mir Dinge gut merken, wenn ich mich daran erinnere, wo ich sie gesehen habe!***

Heute setzen wir mal noch »einen drauf«:

Viele Schüler glauben ja, dass es einfach Menschen gibt, die sich konzentrieren können, und solche, die das einfach nie können. *Weit gefehlt!* Nur haben es die Ersteren eben rechtzeitig gelernt (ob nun gewollt oder nicht), und die anderen, zu denen ja auch ich mich lange, lange Zeit gezählt habe, die plagen sich eben erst später.

Lernphasen Station 7

Das Schlimmste, was dir passieren kann, ist, dir deine Ziele so hoch zu stecken, dass du sie nicht erreichen kannst. Deshalb habe ich ja bisher auch immer nur recht kleine Schritte gemacht, denn ich glaube, dass du so eine reelle Chance hast, zu einem spürbaren Erfolg zu kommen. Nun hast du – quasi als Abschlussprüfung – folgenden Auftrag:

Überprüfe dich ganz genau:

- Welche Erfolge hast du schon errungen?
- Wo hat sich dein Fleiß – und der ist ja, nachdem du bis hierher gekommen bist, wirklich vorhanden – schon ausgezahlt?
- Vergiss nicht die kleinsten Erfolge, und wenn du Lust hast, dann schreibe sie dir auf! So zwingst du dich, gründlicher nachzudenken, denn wenn gar so wenig auf dem Papier steht, dann kommt man sich doch ein bisschen dumm vor, oder?

A

Ein kleines Beispiel dafür:

- Ich habe das Wort »immediately« das erste Mal richtig geschrieben;
- Jahreszahlen in Geschichte alle noch gewusst!

Station 7 *Lernphasen*

Und nun zu unserer Übungseinheit

Auftrag: Wie oft ist der Buchstabe »O« abgebildet?

Zeitvorgabe: 15 Sekunden

Lösung auf S. 94

Zusatzaufgabe für »Fleißlinge«

Auftrag: Wie oft findest du den Buchstaben »d« im letzten Abschnitt der dritten Seite dieser Station?

Texthinweis: Er beginnt mit »Während du dich ...« und geht bis »wieder finden«.

Versuche zunächst, ganz ohne Hilfsmittel (Bleistift, Finger oder Ähnliches das Gehirn unterstützende, die Konzentration jedoch verflachende Hilfen) zu zählen.

Zur Überprüfung ist der Bleistift natürlich gefragt!

Zeitvorgabe: 2 Minuten

Lösung auf S. 94

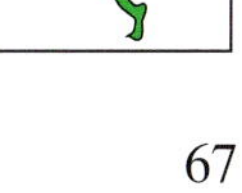

Station 8 *Schlaue Reime*

»Hier kommt Konz, die spindeldürre Nudel,
drum schalte aus Musikgedudel.«

Dieser Spruch wird uns heute noch etwas länger beschäftigen. Zu Beginn unserer heutigen Station werden wir uns wieder einmal im Liegen entspannen. Wir liegen ganz locker auf dem Boden, alle viere weit von uns gestreckt, und denken an etwas Schönes. An die letzten Ferien vielleicht oder an das letzte Wochenende? Vielleicht aber auch an unser Mittagessen oder an die tolle Sport- oder Musikstunde. Dabei vergessen wir nicht, gleichmäßig und tief durchzuatmen, und in diesem Zustand der Ruhe verweilen wir etwa zwei Minuten. Weißt du ohne Uhr, wie lange zwei Minuten sind? – Wenn du nicht mitzählst (langsam bis etwa 120), dann verschätzt du dich bestimmt! Na gut, es kommt ja auch nicht auf die Sekunde an.

Also, mach gleich mit und lass dich in eine schöne Situation »hineintragen«. Du musst aber aufpassen, dass dich dabei nichts und niemand stört! Alles, was stört, wird verdrängt und kommt in die Problembox (vgl. Seite 29), denn dort gehört es jetzt erst einmal hin.

Doch nun zurück zu dem oben »verbrochenen« Holperreim. Ich möchte dir heute nämlich einen Rat geben, der dir helfen kann, die in der letzten Station angesprochenen Situationen leichter zu (er)finden.

Ganz sicher kennst du den Spruch aus der Geschichte:

»Drei, drei, drei gab's bei Issos Keilerei.«

Vielleicht ist dir aber auch folgende Rechtschreibregel geläufiger:

»Wer nämlich mit h schreibt, ist dämlich!«

Schlaue Reime Station 8

Ich bin mir vollkommen sicher, dass du, seit du diese Regel kennst, nie mehr ein dämliches nämlich mit »h« geschrieben hast, denn diese Vorschrift ist dir in Fleisch und Blut übergegangen, und du wendest sie (meist ohne darüber nachdenken zu müssen) ganz selbstverständlich an. Nun frage ich mal ganz vorsichtig: »Kannst du dir schon vorstellen, was ich dir vorgeschlagen möchte?«

Richtig erkannt: Mit den beiden angegebenen Beispielen habe ich dir bewiesen, dass man sich Dinge, die in einen Merkspruch eingekleidet sind, viel besser merken kann. Ich behaupte sogar, dass solche Sprüche – wenn sie selbst »gebastelt« wurden – noch einen weiteren sehr positiven Nebeneffekt haben:

Weil du dich bemühst, einen einigermaßen sinnvollen Spruch herzustellen, beschäftigst du dich recht intensiv mit dem Problemfall und kannst ihn dir somit auch etwas leichter merken.

Und jetzt wird es spannend: Wir suchen Merksprüche! Wem fallen die einprägsamsten Sätze ein?

- Ich denke da zum Beispiel im Rechtschreiben an eine »Regel« für die Schreibweise von tz und ck! Man darf diese Mitlautverbindung nämlich nach »l, m, n« nie schreiben! – Lösung auf S. 94.
- Im Fach Latein (wenn du diese Sprache lernen solltest) gibt es unter vielen anderen übrigens einen Spruch, der sich damit beschäftigt, dass es »männliche« Substantive gibt (also mit der Endung »-us«), die aber weiblicher Natur sind. (Es handelt sich um Städte, Länder, Bäume und Inseln!) – Lösung auf S. 94.

Selbstverständlich wird es dir nicht gelingen, für alle Lerninhalte solch schlaue Sprüche zu finden oder zu erfinden, aber das sollst du ja auch gar nicht, denn es geht ja noch viel einfacher. In der so genannten Mnemotechnik verbindet man einfach alle möglichen und unmöglichen Merkgegenstände mit einem Reim, und dann lässt sich's gleich viel leichter merken.

Station 8 Schlaue Reime

Auch dafür wieder erst ein Beispiel: Merke dir folgende Wörter:
Bett – Zitrone – Kind – Platte – Marmelade – Abend – Kaugummi – Feder – Radio – Wasser.

Hast du sie gelesen? Ja, dann sag sie doch mal auf! Aber nicht schummeln!

Ich habe es beim ersten Mal nicht geschafft, aber das macht ja nichts. Nun machst du dir zu jedem der Worte einen kurzen Reim. Das sieht dann vielleicht so aus:

- In meinem *Bett* – liegt ein *Brett.*
- Eine *Zitrone* – ist auch nicht *ohne.*
-
-
-
-
-
-
-
-

Du wirst zugeben, dass sich solche Sprüche oder Reime doch einwandfrei merken lassen und außerdem noch Spaß machen.

Wenn du dabei etwas »Unanständiges« dichtest, macht das auch nichts, denn das behältst du ja für dich.

Jetzt versuche mal, ob du nicht doch alle Wörter wieder zusammenbringst, nachdem du sie in Reime gefasst hast.

Na – wie geht das?

Nun sind wir mit der Reimerei an einem Punkt angelangt, der recht eng mit dem zusammenhängt, was wir im letzten Kapitel besprochen haben: dem Festmachen an Situationen oder Begebenheiten. In diesem Fall machst du Lernstoffe eben an Reimen fest, und glaube mir: Du kannst dir diese Sprüche eine halbe Ewigkeit merken!

Schlaue Reime Station 8

Ein anderer Trick aus der Mnemotechnik ist der, sich aus je drei Wörtern im Geiste ein Bild (so albern es auch sein mag) zu malen.

Im Falle unserer oben angegebenen Wörter könnte das dann so aussehen:

Eine Zitrone im Bett des Kindes.
Ein Kind schmiert am Abend Marmelade auf eine Schallplatte.

Geht es dir da nicht manchmal so, dass du eine Reihe von Spezialbegriffen lernen musst, dir diese aber immer wieder entfallen? Als Beispiel dafür eine Wortgruppe aus dem Fach Biologie:

Nehmen wir also mal an, du willst dir folgende Reihe merken:

Schilddrüse – Nebennieren – Insulin.

Versuche doch mal, daraus einen »Wahnsinnsspruch« zusammenzubasteln. (Nimm dir dafür etwa 1 Minute Zeit.)

Also, ich könnte mir da vielleicht Folgendes vorstellen:
Ich d(r)üse auf einer Schildkröte zu einer Insulanerin,
die gerade Nierchen kocht.

Ganz richtig, das ist albern und komisch und seltsam und …, aber merken kann ich's mir!

Gut, das war's erst mal.

Es könnte nun natürlich sein, dass du von solchen Tricks aus der Mnemotechniktrickkiste nicht recht viel hältst – gut, dann k.v. (kannst vergessen). Aber warum sollte man denn nicht auch mal mit viel Humor an das Lernen herangehen? Auf jeden Fall bin ich hier einer Meinung mit einem Herrn Zielke (s. Seite 95). Der meint nämlich: »Die angeführten, mitunter recht nützlichen Spielereien und Banalitäten verhelfen – wenn man sie nicht tierisch ernst nimmt – zu innerem Sehen und zur Entspannung. Beides fördert die Konzentration.«

Station 8 Schlaue Reime

Allein an diesem letzten Satz kannst du erkennen, dass diese Sache eben doch Sinn macht und wirklich etwas mit Konzentrationsschulung zu tun hast.

Und deshalb sind wir doch beieinander!

Natürlich bin ich mir dessen bewusst, dass du inzwischen schon ein bisschen unruhig geworden bist, denn schließlich habe ich dir ja jede Menge Sachen erzählt, du jedoch hast noch immer keinen Plus-Punkt verdient und auch noch keinen einzigen Tipp von mir darüber erhalten. Das holen wir nun sofort nach, denn was sein muss, muss sein:

Zuerst mal die Plus-Punkte, die darfst du dir jetzt verdienen: Beantworte bitte meine Frage:

Wie lauteten die Wörter, die du dir mit Hilfe der Reime gemerkt hast? (Es waren 10.) Schreibe sie bitte auf.

Für jedes gemerkte Wort bekommst du 0,5 Punkte, also im Höchstfall Stücker fünfe!

Na, das war doch schon was, und jetzt kommt der Clou: Ich bin mir sicher, dass du dir die drei Begriffe aus der Biologie auch noch gemerkt hast. Also sage ganz schnell den Spruch dazu auf, den du dir zusammengebastelt hast, denn dafür gibt es nochmals 2 Punkte!

Und nun zu den Tipps:

Tipp 23

Reime helfen mir beim Lernen und fördern die Konzentration!

Schlaue Reime Station 8

Tipp 24

Ein »verrücktes« Bild von miteinander verknüpften Dingen prägt sich besser ein!

Nimm doch bitte gleich mal das Buch (oder Heft) zu dem Fach heraus, aus dem du für morgen – oder übermorgen – etwas lernen musst. Vielleicht fallen dir da sofort ein paar Begriffe ein oder auf, die sich wunderbar zu einem verrückten Bild verbinden lassen.

Wenn du tatsächlich etwas Entsprechendes gefunden hast, dann beschäftige dich bitte sofort weiter mit diesem Text, und lass mich bis morgen auf der Seite liegen, denn dann wäre es doch wohl grundverkehrt, wenn du wegen mir die Beschäftigung (noch dazu eine so sinnreiche) mit deinem Lernstoff aufgeben würdest.

Sollte es dir allerdings heute gerade nicht »in den Kram passen«, weil du ja (wieder einmal) nichts aufhast, dann wäre es sicherlich sehr sinnvoll, dich mit den Übungen der nächsten Seiten zu befassen.

Ein kleines Argument noch für die Hausaufgaben (auch wenn dir das nicht unbedingt passt):

»Die Wiederholung ist die Mutter des Lernens.« Alles, was ich mir mehrmals anschaue, kann ich mir viel besser einprägen. (Oder schaust du deine Freundin/deinen Freund nicht auch immer wieder an?)

A

Station 8 Schlaue Reime

Zum guten Schluss noch unsere alltägliche Übungsphase:

Nachdem wir in dem heutigen Kapitel ja schon etwas ungewöhnlichere Wege beschritten haben, wird es dich sicherlich nicht wundern, wenn ich dir heute ein »ganz andere« Aufgabe stelle, als du es sonst gewöhnt bist:

Auftrag: Nimm das Telefonbuch, suche die Seite mit den Meiers (mit ei), und zähle sie! Verwende keine Hilfsmittel wie Bleistift, Finger, großen Zeh usw.!

Zeitvorgabe: (je nach Größe des Ortes) 1 bis 3 Minuten

Da heißt es aber Gas geben, denn da gibt es meist jede Menge, und die Zeit ist ganz schön knapp bemessen.

Ach übrigens, hast du schon die neueste Sondermarke der Bundespost gesehen? Ich meine die neue große. Na, du weißt schon welche. Also gut, ich sollte sie genauer beschreiben können, kann ich aber nicht. Trotzdem noch eine Übung, die mit Briefmarken zu tun hat.

Für fleißige Briefmarkensammler

Auftrag: Nimm die nächstbeste Briefmarke, die du finden kannst, und zähle ihre Zähne (beiße sie dir aber nicht aus daran, das ist nämlich zum Mäusemelken, wie oft man sich da verzählen kann).

Zeitvorgabe: 30 Sekunden

Nicht nur für die besonders Fleißigen, sondern heute ein *Muss* ist die Zusatzaufgabe (du darfst mir aber nichts tun, wenn du jetzt den nächsten *Auftrag* liest):

Wiederhole beide Aufgaben zur Kontrolle.

Sollitest du bei einer der beiden Aufgaben eine andere Zahl als vorher herausbekommen, musst du das Ganze natürlich noch überprüfen, denn sonst erfährst du ja nie, ob du dich das erste Mal oder das zweite Mal besser auf die Zählerei konzentriert hast.

Und übrigens: Vergiss bitte nicht, dass morgen wieder Schule ist, du musst irgendwann ins Bett gehen und darfst selbstverständlich vorher aufhören!

Also, viel Spaß, und bis demnächst!!

Station 9 Lesen und merken

»Hey fan – how do you do?«

Hast du zufällig eine Cassette/CD in greifbarer Nähe mit leiser, gleichmäßiger Instrumentalmusik für unsere Startphase? Ich glaube nämlich, dass dir das Entspannen mit Musik nicht nur etwas bringt, sondern dir auch Spaß macht.

▲ Also legen wir uns auf den Boden und schließen die Augen. (Bitte erst den Auftrag fertig lesen – aber das weißt du ja).

Damit unsere Gedanken nicht zu weit abgleiten, beantworte mir doch bitte zwei Fragen:

1. Zu welchem Wollknäuel (Buchstabe) führte der Faden im Suchbild der Seite 55?
2. Welche drei Tipps waren für dich bisher am wichtigsten oder am wertvollsten?

Also – Augen zu und langsam weggleiten lassen in eine bewusste Entspannung. Eine tolle Sache, um sich voll zu konzentrieren!

Gut so, ich sehe schon, es geht voran mit uns. Du hast hoffentlich auch selbst schon das Gefühl, dass sich deine bisherigen Anstrengungen lohnen, und das ist das Beste, was uns passieren kann!

Hast du dich denn von den gestrigen – auf den ersten Blick vielleicht etwas seltsam anmutenden – Ratschlägen erholt, oder fandest du sie sogar eher besonders gut? Auf jeden Fall: Wenn du manchmal »Mnemotechnikspielereien« betreibst, wirst du merken, dass es sogar Spaß machen kann, solche Vergleiche zu ziehen oder Verschen zu basteln. Je lustiger die Reime sind, desto besser prägen sie sich ein – manche werden direkt zu »Ohrwürmern«!

Lesen und merken Station 9

Ach du meine Güte, ich wollte dir ja gar nicht die ganze Zeit den Schnee von gestern erzählen, sondern dir vielmehr ein paar neue Tipps hinüberreichen:

»Bei Mnemo denk ich, ist doch klar,
an Tipps und an den Konz sogar!«

Für unseren ersten Schritt brauchst du ein Stück Pappe in der Größe einer Postkarte, es tut aber auch eine umgedrehte Spielkarte. Du findest gleich anschließend 10 Sätze. Diese deckst du nunmehr komplett ab. Dann beginnst du folgendermaßen:

Den Karton so weit herunterschieben, bis der erste Satz ganz sichtbar ist. Diesen Satz liest du dann (das dauert höchstens 1–2 Sekunden), deckst ihn sofort wieder ganz ab und wiederholst ihn auswendig. Das machst du dann auch bei allen nachfolgenden Sätzen. Sprich dir dabei jeden Satz hörbar vor, denke ihn dir nicht nur, denn dabei würdest du dich nur allzu leicht selbst anlügen!

Also los!

- Die Frühtemperaturen liegen in diesem Gebiet selten über 8 Celsius.
- Jeden Tag gab es etwas Neues, das es zu besprechen galt.
- Immer, wenn sie eine Schulaufgabe schrieb, war sie völlig ruhig.
- Viele Autos erreichen Höchstgeschwindigkeiten, die nie ausgefahren werden können.
- »Lass mir endlich meine Ruhe!«, sagte Vater, als er schließlich nach Hause kam.
- Manchmal zehrt es ganz schön an den Nerven, wenn sich die Herausgabe der Schulaufgabe verzögert.
- Erdkunde, Geschichte und Biologie werden oft als Lernfächer bezeichnet.
- Bei guten Leistungen dürfen viele Schüler eine Belohnung von den Eltern erwarten.
- Die englischen Vokabeln »look« und »lock« kann man leicht wegen der ähnlichen Schreibweise verwechseln.
- Die Schulmannschaft hatte das Sportturnier nicht mit dem dritten, sondern mit dem ehrenvollen zweiten Platz beendet, der von allen begeistert umjubelt wurde.

Station 9 *Lesen und merken*

Ich hoffe, es ist dir gelungen, die Sätze jeweils auf Anhieb, also nach einmaligem Lesen, wiederzugeben. Du wirst gestehen, dass dies eine Übung ist, die sich mit allen erdenklichen Texten durchführen lässt. Weil es sich um nur ganz kurze Momente handelt, die du Zeit hast, den jeweiligen Satz aufzunehmen, könnten wir die Übung doch eigentlich »Hochgeschwindigkeitsdenkübung« nennen.

Versuche doch beim nächsten Text, den du bearbeiten (oder lernen) musst, diese »Lese-Wiederholungs-Hochgeschwindigkeitsübungstechnik« anzuwenden. Du wirst feststellen, dass du vielleicht noch nie so bewusst konzentriert einen Text gelesen hast. Hierzu deshalb der Tipp:

Tipp 25

Ich spreche mittellange Sätze sofort auswendig nach!

Das geht natürlich auch im Unterricht. Schließlich kannst du dir (aber nicht laut durch »Nachäffen«) Sätze des Lehrers ja auch selbst vorsagen. Dabei ist das sogar noch etwas schwieriger, weil das gehörte Wort schneller an dir vorüberzieht und außerdem der Lehrer auch noch weiterspricht (dich praktisch »stört«).

Das darfst du natürlich bitte nicht übertreiben, denn sonst bekommst du nur noch jeden vierten oder fünften Satz mit, und das ist bestimmt nicht im Sinne des Erfinders. Also pro Stunde zwei Sätze, das genügt!

Zum Abschluss dieses Teiles solltest du dich eigentlich noch belohnen, denn ...? Richtig, es steigert die Motivation, und du machst mit neuem Mut wieder weiter. Für die »gelernten« Sätze gibt es heute zwei Punkte, und für deine Ausdauer – schließlich arbeitest du ja schon ziemlich lange an der Verbesserung deiner Konzentrationsfähigkeit – gibt es noch einen Extrapunkt.

Lesen und merken Station 9

Jetzt machst du eine 2-Minuten-Pause, in der du aber bitte nicht vom Arbeitsplatz weggehst, sondern zum Beispiel zum Fenster hinausschaust oder dich einfach in einer anderen angenehmen Art (wie du sie ja inzwischen gelernt hast) entspannst. Im Anschluss daran kommt nämlich noch ein zweiter Teil!

PAUSE!

Wir waren ja vorhin gerade dabei, einen Text in Einzelsätzen zu lesen und aufzusagen, also auch zu merken. Oft hast du sicher als Hausaufgabe auf, dich mit irgendwelchen Seiten, z.B. aus dem Erdkundebuch, zu befassen. Nerven dich solche Hausaufgaben? (Oder machst du sie etwa erst gar nicht?) Macht nichts, denn bald – so vermute ich – werden diese Arbeiten dir Spaß machen, weil sie immer häufiger erfolgreich und in viel kürzerer Zeit erledigt werden können.

Fangen wir doch mal so an:

Buch auf den aufgeräumten Arbeitsplatz legen – Zimmertüre zu – Radio etc. aus – Kurzzeitwecker auf 2 Minuten eingestellt – Schreibblock und Bleistift parat gelegt.

In den angesprochenen 2 Minuten liest du nun den folgenden Text zügig durch.

Dann versuchst du, den Inhalt in zwei, höchstens drei Sätzen zusammengefasst wiederzugeben. Das sollst du aber aufschreiben – du weißt schon, die Sache mit dem Selbstbetrug.

Anschließend notierst du stichpunktartig 5 wichtige Daten wie Zeit, Ort, Anzahl …

Wenn das geschehen ist, kontrollierst du anhand eines erneuten Lesens, ob du wirklich alles, was wichtig ist, entnommen hast. Nun würde ich meinen Bleistift als Hilfe einsetzen.

Auf der nächsten Seite findest du den Text für die angegebenen Aufträge. Vergiss bitte nicht die Zeitvorgabe!

Station 9 *Lesen und merken*

Um die Versteppung der Ackerbaugebiete im Tennesseetal und der daraus erfolgenden Abwanderung der Farmer Einhalt gebieten zu können, wurde im Jahre 1933 die Tennesseetal-Behörde gegründet. Ein eigenes Gesetz stellte ihr vielfältige Aufgaben. Zuerst mussten Stauwerke gebaut werden, um die Bewässerung des Bodens so zu ermöglichen, dass er wieder ertragsfähig wurde. Die abgeholzten Flächen wurden wieder aufgeforstet, um der Abtragung des Bodens entgegenzuwirken. Kraftwerke wurden gebaut. Sie nutzten die gebändigten Wassermassen zur Stromerzeugung und begünstigten die Ansiedlung neuer Industrien im Tennesseetal. Für die ansässige und die neu hinzugekommene Bevölkerung bedeutete dies Arbeit und Brot. Der Tennessee wurde zu einem jederzeit befahrbaren Schifffahrtsweg ausgebaut. Bis etwas 1950 gewann die Tennesseetal-Behörde elektrische Energie vorwiegend aus Wasserkraft. In den 50er-Jahren aber entstand (wegen des Koreakrieges) eine größere Energienachfrage. Deswegen wurden zur Deckung des Strombedarfs nun auch Wärmekraftwerke mit großer Leistungsfähigkeit gebaut. Als Energieträger verwendete man Steinkohle, die kostengünstig aus dem nahe gelegenen Revier der Appalachen herangeschafft werden konnte.

(Aus Erdkunde 8. Schuljahr, Hausmann-Müller)

Also: 3 Sätze? 5 Stichpunkte? Kontrolle!

Gut hast du das gemacht! – Gleich wirst du auch in die »Freiheit« entlassen. Lass dir bitte vorher nur kurz erklären, warum wir das gemacht haben. Glaubst du etwa, das soll ein Trick sein, um dich an so genannte mündliche Hausaufgaben heranzuführen? Ich kann dir versichern, das alles hat wirklich ganz erheblich mit deiner Konzentrationsfähigkeit zu tun!

Das konzentrierte Lesen eines Textes wie diesem kann dir, wenn du es als Konzentrationsübung siehst, jede Menge positive Effekte verschaffen:

- Du kannst es als reine Konzentrationsübung anwenden (nichts anderes sehen oder hören).

Lesen und merken Station 9

- Genaue Auseinandersetzung mit dem Text ist für anschließendes Zusammenfassen dringend nötig (du musst also konzentriert arbeiten, denn es läuft ja der Wecker nebenher!).
- Das Zusammenfassen verbessert die Fähigkeit des Formulierens und die, das Wichtigste aus einem Text herauszuholen (was du in der Schule immer wieder brauchen kannst).
- Auch wenn du mal vergessen hast, deinen Text zu lesen, lernst du, dir schnell einen Überblick zu verschaffen.
- Vor der entsprechenden Stunde die zusammenfassenden Sätze und die paar wichtigen Daten noch einmal zu lesen erleichtert es dir, dich an den Gesamttext zu erinnern, und vermittelt dir somit eine größere Selbstsicherheit im Unterricht.

Lies also Texte, die du aufhast, in Abschnitten, die etwa so lang sind wie der oben gezeigte, fasse sie zusammen, und gib die Zusammenhänge wieder. (Vielleicht versuchst du einfach auch mal, einen kleinen Vortrag für dich selbst zu entwerfen?)

Der Erfolg? Fantastisch! Probier's aus!

Hier eine Möglichkeit, wie die Zusammenfassung aussehen könnte:

- Es handelt sich um die Aufgaben der Tennesseetal-Behörde, die wegen der Abwanderung der Farmer gegründet wurde.
- Die Nutzung der vorhandenen Energien und die Ansiedlung von Industrien wird beschrieben.
  * Aufforstung
  * Schifffahrt
  * Staudämme
  * Wasser- und Kohlekraftwerke

Weil du es bist, bekommst du natürlich noch einen Tipp dazu:

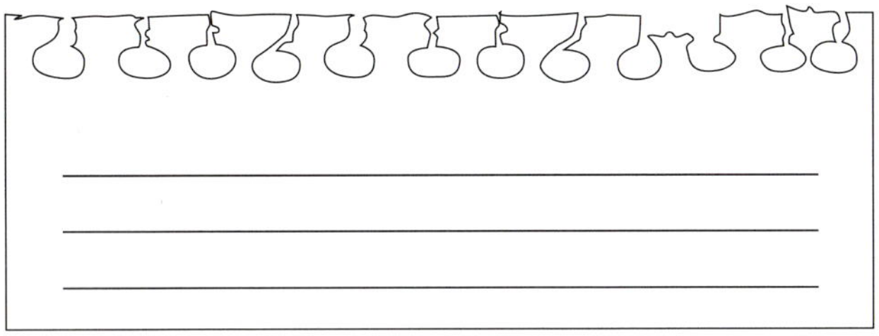

Tipp 26

Station 9 *Lesen und merken*

Da staunst du, was? Ja, ich habe dir den Tipp doch gerade laaaaang und breit dargestellt, also fasse du jetzt zusammen! *(Texte in Abschnitten lesen und Inhalte zusammenfassen.)*

So, das hätten wir für heute. Außer dem obligatorischen Plus-Punkt, den du dir noch erarbeitet hast, noch unsere Abschaltphase: körperlich etwas anstrengend?

Lege dich auf den Rücken, strecke dich, so weit du kannst! Dann hebe beide Beine an, bis sie ausgestreckt senkrecht in die Luft ragen. Spanne jetzt alle Muskeln ganz fest an (Beine – Arme – Bauch), und zähle langsam bis 6. Nun lässt du die Füße fallen (in den Knien abwinkeln) und stellst sie dann behutsam auf den Boden. Wenn du aufgestanden bist, hüpfst du noch ein paar Mal auf den Zehenspitzen und jetzt… (ja, woher soll ich denn wissen, was du jetzt vorhast?).

Hier unsere Übungsseite

Auftrag: Hast du einen guten Blick für deine Umgebung? (Nicht vorher schauen!)

Zeitvorgabe: 3 Minuten

1. Wie viele Stufen hat die Treppe vom Erdgeschoss in den Keller in dem Haus, das du bewohnst?
2. Wie viele Knöpfe hat die Fernbedienung eueres Fernsehers (Videogerätes)?
3. Wie viele Knöpfe hat deine Lieblingsjacke?
4. Wie viele Ösen sind an deinen Turnschuhen (Chaks, Stiefeln ...)?
5. Wie viele Knöpfe sind am Drucktastentelefon?
6. Wie viele Schulbücher hast du in diesem Schuljahr von deiner Schule bekommen?
7. Welche Farben sind auf dem Umschlag dieses Buches?
8. Wie viele Türen hat eure Wohnung (euer Haus)?
9. Wie viele Speichen hat ein Rad deines Drahtesels?
10. Wie land sind deine Skier (wenn du welche hast)?
11. Wie viele Musikcassetten (CDs, Schallplatten) hast du?

Und jetzt viel Spaß beim Überprüfen und Nachzählen.

Du weißt ja, das bewusste Hinschauen und Erleben ist bereits Konzentrationstraining!

Station 10 Schönschreiben

Halt! Hier ist noch nicht die Endstation – aber gleich hast du es geschafft!

Richte doch bitte vor der Entspannungsphase folgende Arbeitsmittel her:

Füller, zwei linierte Blätter.

Heute eine erwartungsgemäß lockere Entspannungsübung:

Du sitzt auf deinem Stuhl, faltest die Hände (wie zum Gebet) hinter deinem Kopf, lehnst dich an und lässt den Kopf – so weit das die Hände erlauben – nach hinten sinken. Schließe nun die Augen, atme tief und gleichmäßig durch. Jetzt kommt das Schwierigste an der Sache: Denke an *nichts*, und zwar zwei Minuten lang! Jeder Gedanke, der dir kommt, wird sofort verdrängt!

VERSUCH

Ich bin zwar kein Hellseher, aber ich behaupte nun mal ganz frech: Du hast es nicht geschafft! Das geht nämlich auch überhaupt nicht – man kann einfach nicht an NICHTS denken! Also steuern wir unsere Gedanken bewusst dorthin, wo wir sie haben wollen.

Gleiche Ausgangsposition: Erinnere dich zurück an die Zeit, in der du die erste oder zweite Klasse besucht hast. Noch genauer, versuche, dich an Unterrichtssituationen zu erinnern, in denen du das Schreiben gelernt hast.

ERINNERN

Und, wie war es in der ersten Klasse? Das waren halt noch Zeiten! Die Schule machte noch Freude; keine Spur von Pythagoras oder Newton, von Alexander dem Großen oder von Caesar. Ach ja …

Schönschreiben Station 10

Na gut, wenn dir das so gut gefallen hat, dann probieren wir heute doch mal aus, wie das damals so war, als du das Schreiben ganz neu gelernt hast:

»Konzentration kann ich üben, wenn ich das Schönschreiben übe. Ich muss genau arbeiten und erziehe mich zu größter Aufmerksamkeit.«

Dieser Text ist eigentlich *Tipp 27.* Weil du ihn aber selbst schreiben sollst, ist wieder einmal nur ein leerer Spickzettel vorhanden. Bevor du aber anfängst, solltest du mir noch ein klein wenig zuhören. Du wirst ja jetzt vielleicht sagen: »So ein Schmarr'n« oder »Wer's glaubt, wird selig«, ich aber bin der festen Überzeugung, dass das Üben der Schönschrift (die durchaus deine persönliche Note enthalten sollte!) einen mindestens genauso großen Übungseffekt hat wie alle anderen bisher gegebenen Tipps und Vorschläge. Und übrigens: Besonders stark fördert es die Konzentration, wenn du den oben notierten Satz mit links (für Linkshänder natürlich mit rechts) schreibst. Also versuche es zunächst mit deiner »Schreibhand« und dann mit der anderen. Verwende dazu am besten die hergerichteten Blätter!

ÜBUNG

Hast du es geschafft? – Dann kannst du ja jetzt den Text in den vorgegebenen Spickzettel hineinschreiben:

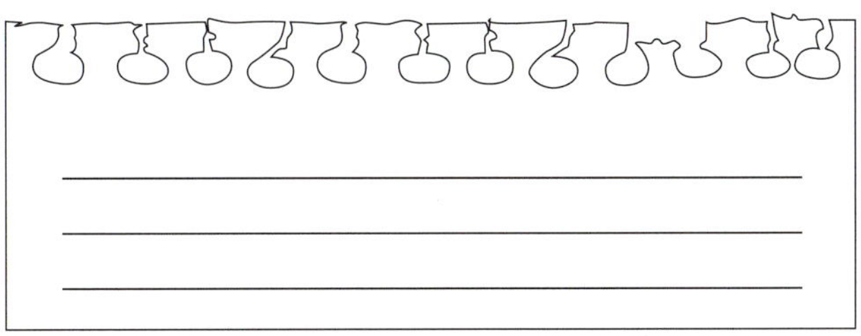

Tipp 27

Nun hast du dir aber wirklich einen Extrapunkt verdient – mir gelang es nämlich erst nach einigen Versuchen, die Sache mit links hinzukritzeln, aber ich muss gestehen, mir hat es wahnsinnig Spaß gemacht. Einen Punkt hast du dir auf jeden Fall noch für deine Bemühungen eingehandelt.

Station 10 Schönschreiben

Nun, ich vermute mal, dass du zumindest für den zweiten Teil der Übung nicht unbedingt ein »Sehr gut« in Schrift verdient hättest, aber das sollst du ja auch gar nicht; du sollst dich ja vielmehr »nur« bemühen, so schön wie möglich zu schreiben. Je mehr du dich auf deine Schreibfertigkeit konzentrierst, desto besser wird auch deine Konzentrationsfähigkeit werden!

Tipp 28

Jeden Tag ein Schönschreibsatz,
ohne Hektik, ohne Hatz!

HA, ich sehe schon das Ziel unserer Reise, und da sind ja auch all meine Geschwister N!

Ja, ja, das sind alles ganz liebe Geschwister von mir – versuche doch ruhig mal, sie zu zählen. Jeder Bruder und jede Schwester steht für weitere Möglichkeiten, die Konzentrationsfähigkeit zu steigern. Als ich einen Mathematikprofessor fragte, was ich denn sagen solle, wenn mich einer nach der Anzahl meiner Geschwister fragt, gab er mir zur Antwort: »Sag doch einfach n.«

Schönschreiben Station 10

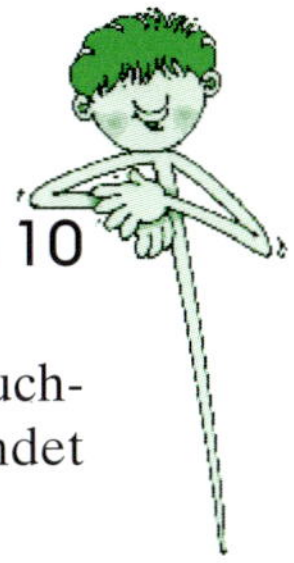

Als ich ihn da nicht gleich verstand, erklärte er mir, dass dieser Buchstabe in der Mathematik für eine unbestimmte Anzahl verwendet wird, wie zum Beispiel bei den Potenzen: 3^n.

Warum ich über diese Auskunft besonders glücklich war, wirst du in der nächsten und damit auch letzten Station noch erfahren.

Für heute reicht es mir nämlich; meine Familie wartet schon auf mich!

Wie, du bist damit nicht zufrieden? – Ach so! Vor lauter Aufregung hätte ich doch beinahe vergessen, mich noch ein wenig mit dir zu entspannen und dir dann noch Übungsaufgaben zu geben. Natürlich hast du dir für deine Aufmerksamkeit einen Punkt verdient und natürlich auch für die fleißige Mitarbeit in diesem Kapitel!

Schalten wir also ab und dazu den Cassettenrecorder bzw. den CD-Spieler ein:

Bei ruhiger, entspannender, rhythmisch gleichmäßiger Musik bleiben wir an unserem Schreibtisch sitzen. Da wir ja stets nur die nötigen Arbeitsmaterialien vorrätig haben, ist da natürlich jetzt gleich auch Platz für unsere Arme und unseren Kopf. Wir verschränken also die Arme, legen sie auf den Schreibtisch und unseren Kopf gleich obendrauf. Genüsslich schließen wir die Augen und lassen einzelne Etappen unserer Reise noch einmal an uns vorüberziehen. Da waren die Tipps, die mich etwas erstaunt haben, der Tipp, den ich gleich in der Schule ausprobiert habe, … aber was rede ich denn so viel? Du weißt doch selbst am allerbesten, wie du dich jetzt entspannt zurückversetzen kannst.

A

Viel Spaß also heute noch, und bis morgen. Da kommt dann das Finale, und ich möchte versuchen, dir eine kleine Überraschung zu bereiten.

Station 10 Schönschreiben

Hier die heiß ersehnte Übungsseite

Auftrag: Fahre mit der *linken Hand* (Linkshänder mit der rechten Hand) folgende Linie nach. 3-mal mit verschiedenen Farben, damit du erkennen kannst, wo du »Fehler« gemacht hast.

Zeitvorgabe: je Ausführung 30 Sekunden

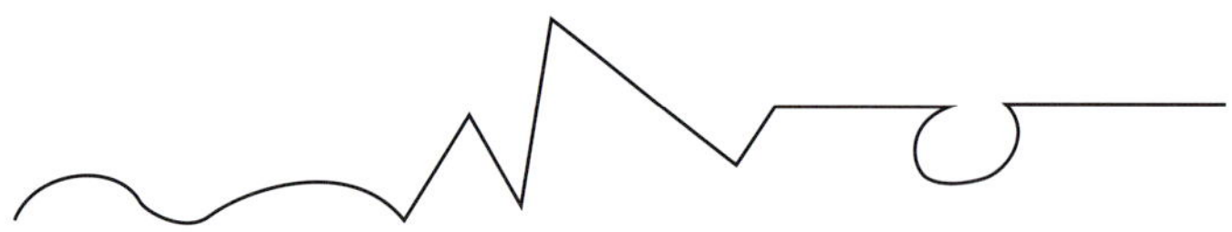

Schönschreiben Station 10

Eine reine Augenübung!

Auftrag: Du siehst eine Reihe von Sternen, die mittels einer durchgängigen Linie verbunden sind. Du sollst nun *nur mit den Augen* die Linie entlang von Stern zu Stern fahren. Versuche, nicht abzusetzen und keine Reihe auszulassen.

Zeitvorgabe: Halte *mindestens* 3 Minuten lang durch!

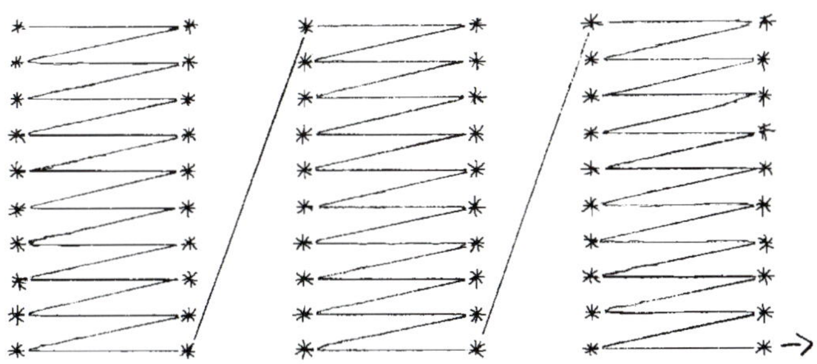

Hier fängst du wieder von vorne an!

Endstation

So, nun hast du es also geschafft!

Sicher bist du nun noch lange kein Weltmeister der Konzentration, aber ich bin ziemlich sicher, dass du aus unserer gemeinsamen Reise deinen Nutzen hast ziehen können.

Natürlich würde ich mich ganz arg freuen, wenn du nun allein deshalb mehr Erfolg haben würdest, weil du dich eben einfach besser konzentrieren kannst.

Glaube mir aber bitte noch einen letzten Rat – den du vielleicht als Tipp in ähnlicher Form schon mal von mir gehört hast:

Nur die Ausdauer
bringt dir wirklich den ersehnten Erfolg!

Vielleicht hast du ja jetzt auch etwas mehr Zeit, weil du konzentrierter arbeitest. Apropos Zeit: Es wird allerhöchste Zeit, dass wir dir ein Gruppenfoto von meiner gesamten Familie zeigen. Schau nur ganz genau hin, und schreibe dann den jeweiligen Namen unter die Familienmitglieder.

ÜBERRASCHUNG

Gib zu, du hast es während der gesamten Reise noch nicht gewusst, dass wir gemeinsam den Familiennamen »Konzentration« ergeben. Na siehst du, wir spielen alle zusammen wie in einem großen Orchester; aber nur gemeinsam ergeben wir dann auch einen guten Klang! Genauso ist es eben auch bei unserem Familiennamen.

Endstation

KONZ ENT RATIO N

Nur wenn alles gut zusammenpasst, die Entspannung, die Anspannung, die Ruhe, der Arbeitsplatz, die eigene Einstellung, dann – *und nur dann* – wird es mit der Konzentration etwas.

Eigentlich wollte ich ja an dieser Stelle schon aufhören, mich artig verabschieden und dir einfach noch viel Glück wünschen, aber da ist mir gerade in diesem Moment noch etwas gaaanz Wichtiges eingefallen.

Es könnte ja sein, dass du dieses Buch zwar gelesen hast, einige Übungen (vielleicht sogar alle) gemacht hast, und trotzdem: Es klappt einfach nicht! Bevor du dich nun aus purer Verzweiflung aus dem Kellerfenster stürzt, weil du glaubst, dass dir ja doch nicht zu helfen ist, solltest du folgenden Rat beherzigen. (Kein Tipp, sondern ein Rat!)

An meiner Schule gibt es einen Beratungslehrer. Den kann ich fragen, was ich noch tun könnte.

Dieser Beratungslehrer ist extra dafür ausgebildet, dich zu beraten, und wenn er selbst wirklich auch nicht mehr weiterweiß, dann kennt er doch zumindest Anlaufstellen, an die du dich wenden kannst. DENN:

1. Fragen kostet nichts!
2. Es gibt *immer* eine Möglichkeit!

Endstation

Zu guter Letzt hätte ich noch ein Bitte an dich: Glaubst du, du findest irgendwann demnächst mal ein paar Minuten Zeit, mir zu schreiben?

Alfred Thieme
c/o Studienhaus St. Blasien
Hans-Thoma-Weg 4

79837 St. Blasien

Ach, du weißt nicht, was du da schreiben solltest? Na also, hör mal!

Mich interessiert,
1. ob du mit meinen Tipps etwas hast anfangen können;
2. welche Tipps für dich am wertvollsten waren;
3. ob es Dinge gab, die du für nicht besonders wirksam hältst;
4. ob du mit Hilfe des Buches nun bessere Leistungen erzielen konntest;
5. etc. etc. etc. …

Natürlich freue ich mich auch, wenn du mir ganz einfach irgendetwas aus dem Schulalltag erzählst, aber ganz besonders begeistert wäre ich, wenn du mir etwas »Selbstgestricktes« (einen Tipp) schicken könntest.

Nun ist es also wirklich so weit: Endstation – alles aussteigen!

Viel Erfolg bei deinen Bemühungen, und vergiss mich nicht ganz – und dann kannst du ja jederzeit wieder bei mir einsteigen …

Lösungen

Auf dieser und der folgenden Seite findest du die Lösungen für alle in dem Buch gestellten Aufgaben.

S. 18

Als dem Chefredakteur gemeldet wurde, der Setzer Johannes warte seit einer Viertelstunde im Vorzimmer und lasse sich durch nichts abweisen oder auf ein anderes Mal vertrösten, nickte er mit einem etwas melancholischen und ergebenen Lächeln und drehte sich auf seinem Bureaustuhl dem leise Eintretenden entgegen. Er wusste im voraus, welcherlei Anliegen den treuen weißbärtigen Schriftsetzer zu ihm führten.

Aus

wird

S. 36

1. 5, 7, 9, → 11, 13
2. 4, 8, 16, → 32, 64
3. 4, 8, 7, 14, 13, → 26, 25
4. 288, 144, 148, 74, 76, → 38, 39
5. 7, 12, 24, 29, → 58, 63

S. 42

1. 34

S. 51

1. Natur und Landschaft sind als Lebensgrundlage, Umwelt und Erholungsbereich des Menschen zu schützen, zu pflegen und zu gestalten. Pflanzen und Tierarten, Landschaftsteile und Einzelschöpfungen der Natur sind auch aus wissenschaftlichen und heimatpflegerischen Gründen zu schützen. Neben den Agrarbereichen einschließlich des Waldes sind auch die Wohn-, Gewerbe- und Verkehrsbereiche und Erholungsbereiche zu pflegen und zu gestalten.
2. Natur und Landschaft sind in ihrem Leistungsvermögen zu erhalten. Sie sind insbesondere vor Eingriffen zu bewahren, die sie ohne wichtigen Grund in ihrem Wirkungsgefüge, ihrer Eigenart und ihrer Schönheit beeinträchtigen oder gefährden können. Eingetretene Schäden sind zu beseitigen oder auszugleichen. Für eine biologisch möglichst vielfältige Landschaft ist zu sorgen.

S. 58

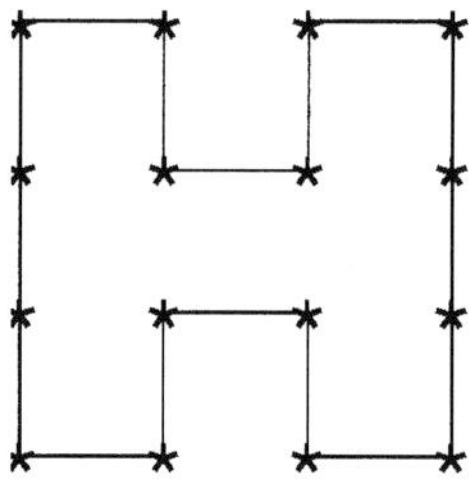

S. 59

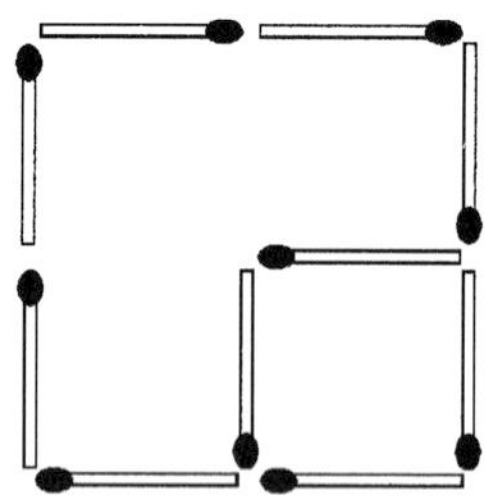

S. 66

16-mal der Buchstabe O

S. 67

22-mal der Buchstabe d

S. 69

1. »Nach l, m, n, das merke ja, kommt nie tz und nie ck!«
2. »Land, Insel, Stadt und Baum auf us als weiblich man sich merken muss.«

Verwendete Literatur

Deutsches Institut für Fernstudien an der Universität Tübingen. Fernstudium Ausbildung zum Beratungslehrer. Studienbrief 5, Analyse von Schulleistungsschwierigkeiten. Tübingen 1985.

Endres, W./Bernard, E.: So ist Lernen Klasse. Kösel, München 1989.

Müller-Bardorf, H.: Freie Arbeit in der Grundschule. Domino Verlag, München 1991.

Ott, E.: Das Konzentrationsprogramm. Deutsche Verlagsanstalt, Stuttgart 1975.

Staatsinstitut für Schulpädagogik und Bildungsforschung. Schulberatung, Lernschwierigkeiten, Informationen für Beratungslehrer. München 1988.

Vester, F.: Denken – Lernen – Vergessen. Deutsche Verlagsanstalt, Stuttgart 1975.

Wernek, T./Ullmann, F.: Konzentrationstraining. Heyne, München 1972.

Zielke, W.: Konzentrieren keine Kunst. Herder, Frankfurt a. M. 1973.

BELTZ Lern-Trainer

Fit in der Schule

Alfred Thieme

Motivation

Trainingsprogramm für Schülerinnen und Schüler. 6.–9. Klasse. 120 Seiten. ISBN 3-407-38029-1

»Ich hab keinen Bock« – »Das nervt!« – das hört man leider viel zu oft. Dabei können Schülerinnen und Schüler sich selbst motivieren und durch Selbstbeobachtung erfahren, wo der Hemmschuh liegt und wie auch zu ungeliebten Fächern ein normales Verhältnis aufgebaut werden kann. Ein echtes Rezeptbuch gegen Lustlosigkeit.

Wolfgang Endres / Dirk Althoff

Das Anti-Pauk-Buch

Lerntipps und -tricks für Schüler und Schülerinnen. 11–16 Jahre. 120 Seiten. ISBN 3-407-38038-0

Dieser Lern-Tainer ist eine Art Werkzeugkasten für die Kopfarbeit mit Köpfchen. Ob es um Vokabeln und lange Texte geht oder sich Muffensausen vor der Klassenarbeit einstellt – leidgeplagte Schülerinnen und Schüler finden hier Tipps und Tricks und Methoden, wie sie sich vor einer Pleite in der Schule schützen können.

Wolfgang Endres u.a.

So macht Lernen Spaß

Praktische Lerntipps für Schüler und Schülerinnen. 11–16 Jahre. 192 Seiten. ISBN 3-407-38037-2

Macht Lernen Spaß? Auf diese Frage reagieren die meisten Schüler/innen gereizt. Zaubermittel oder todsichere Rezepte gibt es auch hier nicht. Dafür jede Menge Tipps: Wie der eigene Lerntyp aussieht, wie man sich besser konzentrieren kann, was man mit schwierigen Lehrern macht und wie man ohne Angst in eine Prüfung geht!

Wolfgang Endres

99 starke Lerntips

z.B. erlaubte Spickzettel. 6.–10. Klasse. 105 Seiten. ISBN 3-407-38041-8

»99 starke Lerntips« liefern pfiffige Ideen, wie man beim Lernen und in der Schule besser zurechtkommt. Auch der »erlaubte« Spickzettel gehört in diese Sammlung. Denn ein guter Spickzettel eignet sich bestens als Klassenarbeitsvorbereitung und ist durch sein Mini-Format ein guter Trainer, sich auf das Wesentliche zu konzentrieren.

Beltz Verlag · Postfach 100154 · 69441 Weinheim

B0241

fordern Sie
enlos und
rbindlich Ihr
naterial mit
nstehender
llkarte an.

en die
vortkarten
ts herausge-
nt worden
können Sie
tverständlich
schriftlich
telefonisch
llen bei:

ENHAUS
ASIEN
ach 11 05
9 St. Blasien

76 72/22 46
76 72/22 89

Senden Sie mir kostenlos und unverbindlich
(Bitte ankreuzen)

❏ Informationsmaterial über weitere Lern-Trainer

❏ Das Programmheft vom Studienhaus St. Blasien mit Lerntechnikseminaren und Ferienkursen für Schülerinnen und Schüler

---

Schulart

❏ Grund- und Hauptschule
❏ Realschule/Gymnasium

Altersgruppe

❏ 6–10 Jahre
❏ 11–14 Jahre
❏ 15–18 Jahre

Bitte tragen Sie ihren Namen mit Anschrift auf der Rückseite ein.

Senden Sie mir kostenlos und unverbindlich
(Bitte ankreuzen)

❏ Informationsmaterial über weitere Lern-Trainer

❏ Das Programmheft vom Studienhaus St. Blasien mit Lerntechnikseminaren und Ferienkursen für Schülerinnen und Schüler

Schulart

❏ Grund- und Hauptschule
❏ Realschule/Gymnasium

Altersgruppe

❏ 6–10 Jahre
❏ 11–14 Jahre
❏ 15–18 Jahre

Bitte tragen Sie ihren Namen mit Anschrift auf der Rückseite ein.

Absender:

Name, Vorname

Straße, Nr.

PLZ, Ort

Lernteam ENDRES

POSTKARTE

Bitte freimachen

An das
Studienhaus St. Blasien
Hans-Thoma-Weg 4

79829 St. Blasien

Absender:

Name, Vorname

Straße, Nr.

PLZ, Ort

Lernteam ENDRES

POSTKARTE

Bitte freimachen

An das
Studienhaus St. Blasien
Hans-Thoma-Weg 4

79829 St. Blasien